Jutta Weber-Bock

Wir vom Jahrgang 1957

1957

Kindheit und Jugend

Impressum

Bildnachweis:

Umschlag: Ursula Pfaff, Wetterberg (oben), Jutta Weber-Bock (oben, hinten).
Innenteil: ullstein bild-Zangl: S. 6u; ullstein bild-NMSCI/Science Museum/Science Musuem: S. 7; ullstein bild-Rufenach: S. 8u; Doris Wester, Gummersbach: S. 10o; Eugen Sauter: S. 12, 17; ullstein bild-ddp: S. 13; Stadtarchiv Gladbeck: S. 14; Norbert Pechmann, Gelsenkirchen: S. 15u; Dagmar Mehlhase, Hannover: S. 16; Günter Frank: S. 18; Ursula Pfaff, Wetterberg: S. 19; Gerda Koplin, Kaarst: S. 22 li; Anton Bundschuh, Schwäbisch-Gmünd: S. 22re; Presse-Bild Poss, Dipl.-Ing. Oscar Poss: S. 23; ullstein bild-United Archives 90060: S. 24li; ullstein bild-Hyzdal von Miserony: S. 24re; Hildegard Schäfer, Gummersbach: S. 25o; ullstein bild-TopFoto: S. 25u; Michael Hohlmann, Neuss: S. 28; ullstein bild-dpa: S. 29, 49; Gustav Hildebrandt: S. 33, 35, 40; ullstein bild-Pressefoto Kindermann: S. 36; ullstein bild-Röhnert: S. 39 (2); Stadtarchiv Wiesbaden: S. 37; ullstein bild-Riehn: S. 42; ullstein bild-Galuschka: S. 43; ullstein bild-Oscar Poss: S. 44; Gerhard Apfel, Rossdorf: S. 45; Renate Lepper, Langgöns: S. 47o; ullstein bild-dpa: S.47, 59; ; ullstein bild-Horst Prange: S. 48; ullstein bild-Werner Otto: S. 50; ullstein bild-A. Schorr: S. 55; ullstein bild-United Archives/90061: S. 51; ullstein bild-ullstein bild: S. 31, 56, 57.; Spiegel Verlag, Hamburg: S. 58 o; Klaus Meier-Ude, Frankfurt: S. 58 u; ullstein bild-mirrorpix: S. 60, 61u; ullstein bild: S. 61o;
Alle weiteren Fotos Privatarchiv Jutta Weber-Bock.

13. Auflage 2025
Alle Rechte vorbehalten, auch die des auszugsweisen Nachdrucks und der fotomechanischen Wiedergabe.
Gestaltung und Satz: r2 | Ravenstein, Verden
Druck: Druck- und Verlagshaus Thiele & Schwarz GmbH, Kassel
Buchbinderische Verarbeitung: Buchbinderei S. R. Büge, Celle
© Wartberg-Verlag GmbH
34281 Gudensberg-Gleichen • Im Wiesental 1
Telefon: 056 03/9 30 50 • www.wartberg-verlag.de
ISBN: 978-3-8313-3057-7

Vorwort
Liebe 57er!

1957 – ein guter Jahrgang ... haben wir oft gesagt und bekräftigend genickt, bis wir immer häufiger gefragt wurden, warum eigentlich?

Geboren werden wir am Ausgang der 50er-Jahre, als die Welt zwischen Aufbruch und Verharren schwankt. Die ersten Schritte probieren wir in einer Zeit, die den Griff nach den Sternen wagt und der technischen Faszination nicht widerstehen kann. Möglichst schnell älter werden wollen wir und die Enge unserer Kindheitsjahre hinter uns lassen. So lernen wir, stets beherzt zuzugreifen und Probleme beim Schopf zu packen.

Vielleicht sind wir die erste Generation, die an einem Vätermangel leidet, obwohl die Väter da sind. „Samstags gehört Papi mir", wird verheißungsvoll verkündet. Stattdessen schieben die Väter samstags Überstunden für den Wohlstand, den wir bis weit in die 60er-Jahre noch nicht als selbstverständlich erleben dürfen.

Die beiden Kurzschuljahre 1966/1967 prägen unsere Grundschulzeit, die damals Volksschule heißt. Ehe wir uns versehen, ist unsere künftige Schullaufbahn und damit auch die Berufswahl entschieden, die oft noch die Eltern treffen. Als „ein guter Jahrgang" folgen wir diesen vorgezeichneten Wegen, zunächst jedenfalls, oder suchen schon früh nach eigenen.

Wie aber hat sich unser Jahrgang dabei zurechtgefunden? Eine Antwort darauf wird mit dem Jahrgangsband „Wir vom Jahrgang 1957" versucht. Erst im Rückblick werden die Dimensionen deutlich. In eher persönlichen Texten zeige ich exemplarisch „das Kind in seiner Welt". Stichworte wie „Essen und Trinken", „Verkehr" oder „Fernsehen" haben mich hingegen auch zu allgemeinerem Erleben geführt. Abgerundet wird das Buch durch übergreifende Themen. Ich hoffe, dass alle Leserinnen und Leser viel Spaß an der Lektüre haben werden, frei nach dem Motto: 1957 – ein guter Jahrgang!

Jutta Weber-Bock

Vom Laufstall
in den Weltraum

Freigelassen, aber noch im
Sicherheitsgeschirr.

Der Laufstall

Am Anfang war das Nein. Es kletterte das
Gitter rauf und runter. Wir umklammerten
das Holz der Stäbe, und der Lack wurde
rissig unter unseren feuchten Fingern. Wir
tapsten und fielen, robbten von einem
Ende zum anderen. Wenn wir hochgenom-
men wurden, strampelten wir. Nein! Nein!
Nein – NEIN! schrie es in uns, ein Nein für
jede Gitterseite.

   „Sie sind selbst schuld, wenn sie überall rumkrabbeln und alles runterreißen.
Gestern erst, fast hätte meiner sich verbrüht, so schnell kann man gar nicht gucken,

Auf dem Dachgarten war sie nicht so schlecht, die Welt hinter Gittern.

Chronik

5. Januar 1957
Mit der „Eisenhower-Doktrin" sollen im Nahen Osten die Interessen der USA gewahrt und der Einfluss der UdSSR zurückgedrängt werden. Die USA sichern den Staaten im Nahen Osten militärische Hilfe gegen den Kommunismus zu.

4. April 1957
Die erste Massenimpfung gegen Kinderlähmung in der Bundesrepublik beginnt in Oberhausen, nachdem die Polio-Erkrankungen sprunghaft angestiegen sind.

4. Oktober / 3. November 1957
Die UdSSR schießen mit Sputnik 1 den ersten Satelliten in eine Erdumlaufbahn. Wenig später folgt Sputnik 2 mit der Hündin Laika an Bord.

29. Juni 1958
Brasilien gewinnt in Stockholm gegen Schweden 5:2 und wird Fußballweltmeister. Der erst 17-jährige Edson Arantes do Nascimento, der sich Pelé nennt, ist mit zwei Toren im Endspiel der erfolgreichste Torschütze.

27. November 1958
Einseitige Kündigung des Viermächteabkommens über Berlin durch die UdSSR, die Berlin in eine „freie entmilitarisierte Stadt" umwandeln möchten.

2. Januar 1959
Auf Kuba rücken die Revolutionstruppen Fidel Castros in die Hauptstadt Havanna ein. Am 16. Februar übernimmt Castro das Amt des Ministerpräsidenten.

1. Februar 1959
In einer Volksabstimmung lehnen 67% der Schweizer Männer die Einführung des Frauenwahlrechts ab.

17. März 1959
Nach der blutigen Eskalation von Straßenkämpfen gegen die Besetzung Tibets durch chinesische Truppen flieht der 14. Dalai Lama nach Indien.

15. November 1959
Auf einem Parteitag beschließt die SPD das „Godesberger Programm", mit dem die SPD die Entwicklung von der Arbeiter- zur Volkspartei anstrebt und auf Distanz zum Marxismus geht.

wie sie plötzlich am Herd sind und nach dem Topf angeln."

Ein kalter Luftzug kam aus der Schlafzimmertür, dort standen unsere Gitterbetten. Nach dem Mittagsschlaf riefen wir, aber solange die Zeit nicht um war, holte uns niemand, und wenn, wurden wir nur von einem Käfig in den nächsten gesetzt.

„Sonst lernen sie nie, was Grenzen sind, wir haben keine Zeit, immer hinter ihnen zu stehen. Wir sind wenigstens da, nicht wie andere, die den ganzen Tag auf Arbeit sind. Da ist doch ein wenig Heimarbeit an der Nähmaschine viel besser."

Wir drückten uns die Gesichter faltig zwischen den Gitterstäben, wollten schnell älter werden und zum Mond fliegen, viel weiter als der Sputnik. Aber vorläufig mussten wir im Sportwagen noch das Sicherheitsgeschirr tragen, und das Nein war in uns.

1. bis 3. Lebensjahr

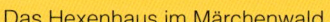
Das Hexenhaus im Märchenwald.

Zwischen Essen und Trinken

Wirtschaftsminister Ludwig Erhard proklamierte den „Wohlstand für alle" und predigte „Maßhalten!" Viele vom Jahrgang 1957 wurden nicht gestillt, weil das die Figur der Mutter ruiniert hätte. Haste was, biste was, hieß es. Flaschenkost und Bananenbrei stopfte die Mäuler. Gute Butter gab es nur morgens auf dem klein geschnittenen Marmeladenbrot. Politiker machten sich Gedanken über den Brot- und Kartoffelpreis. Schon 1957 wurde daher in Bonn das Institut für Selbstbedienung gegründet. Die asiatische Grippe kam schneller als sie ging.

Sonntags tranken die Erwachsenen mit den Großeltern Jacobs-Kaffee. Das musste sein. Für die Kinder wurde Kakao angerührt, mit guter Milch versteht sich. Im Frühjahr 1958 waren Gartenzwerge der Renner. Die Bundesregierung kaufte überschüssige Butter, um den Preis stabil zu halten. Bei vielen aber gab es den Ramawürfel aus der Speisekammer. Wenn die Kinder sonntags durch den Märchenwald getragen wurden, durften sie die roten Mützen der Zwerge ein wenig streicheln. „Heute Abend esst ihr aber ordentlich, sonst holt euch die Hexe", hieß es. „Wir arbeiten nur für euch. Man muss den Wohlstand auch sehen!"

Alternative zur teuren Butter.

MARGARINE
Rama
butterfein

Atomare Niederschläge

*Umfangreiche oberirdische Atomtestrei-
hen gehören Ende der 50er- und Ende
der 60er-Jahre zum Alltag. Bereits 1957
gibt das japanische Sozialministerium
bekannt, dass die Atmosphäre über
Japan durch Atomwaffenversuche
zunehmend radioaktiv verseucht ist und
empfiehlt den Hausfrauen, die Lebensmittel sorgfältig zu waschen.*

  *Am 20. März 1957 warnen Wissen-
schaftler der Weltgesundheitsorganisation
vor Erbschäden durch die Anwendung
von Kernenergie und radioaktiver
Strahlung. Albert Schweitzer sagt in einer
Rundfunkansprache: „Wir sind also
genötigt, (...) Explosionen von Atombom-
ben als ein Unglück für die Menschheit
anzusehen." Am 31. Januar 1959 schreiben die Zeitungen: „Das Bundesatommi-*
*nisterium meldet, dass im Januar die
radioaktive Konzentration im Regenwas-
ser in der Bundesrepublik 60-mal höher
ist, als es die Norm erlaubt."*

Atomwaffenversuche, Ende der
50er-, Anfang der 60er-Jahre.

Laufen lernen

„Zum ersten Mal Urlaub", sagt deine Mutter. Ihr fahrt mit der Eisenbahn zur Oma in
die große Stadt. Die schwarze Lok mit den riesigen roten Rädern schiebt sich in
den Bahnhof und lässt zischend ihren weißen Dampf ab. Bei deiner Oma darfst du
auf dem Dachgarten spielen. Mit beiden Händen wirfst du Kieselsteine in einen
Blumentopf. Die Kiesel rieseln unten durch das Loch. Du klatschst in die Hände.
Die Mutter sitzt mit Oma in der Küche. „So ein Traumpaar, der Schah und seine
Soraya, aber kein Kind! Und nun die Scheidung", seufzt die Oma und dreht
schneller an der Kaffeemühle.

  Einzeln nimmst du die Kieselsteine und lässt sie in den Topf fallen. Du krabbelst
zum Geländer. In der Regenrinne sind Pfützen. Hoch, höher, noch höher ziehst du
dich, die Bäume unten sind so dunkel. Du hältst dich ganz fest an den Stäben,
streckst dich, hebst die Arme, drehst dich, siehst den Blumentopf, läufst, fällst,
stützt dich mit den Händen ab, stehst wieder auf. Die Kiesel pieksten, du läufst,

hast es eilig. Fällst nach hinten, krabbelst ganz schnell zum Blumentopf und streust Kiesel hinein. Kinder. Sterne. Gut schütteln. Dein Kopftuch verrutscht. Hinter den Bäumen klingelt die Straßenbahn. Du stehst auf und hebst die Arme, die Kiesel in der Hand. Tapp, taptap, knirsch, tapp. Da! Der Ascheneimer! Du wirfst die Kiesel auf den Deckel, dass es scheppert. Das ist Urlaub.

Käsekrieg

Zwischen der Bundesrepublik und den Niederlanden kommt es im Jahr 1957 zum Streit über die Kardinalfrage, ob der Käse rund oder eckig zu sein hat. Die Holländer fühlen sich bedroht. Darf ihr Käse in seiner traditionell runden Form erhalten bleiben? Nachdem sie nicht bereit sind, über die jahrhundertealte Form zu diskutieren und diese aufzugeben, protestiert der bundesdeutsche Lebensmittelhandel beim niederländischen Landwirtschaftsministerium.

Nach Einschätzung deutscher Rationalisierungsexperten muss der Käse unbedingt in eckigen Laiben geliefert werden, weil diese sich besser für Selbstbedienungsläden in stapelbare Portionen abpacken lassen. Eine Alternative wäre die Wabenform gewesen. Daraus lassen sich auch eckige Käsestücke schneiden, aber die Kreisform bleibt erkennbar. Damit hätten die Holländer den Vorreiter zur innovativen Gestaltung moderner Lebensmittel spielen können.

Erste Eroberungen, ein Platz an der Sonne.

Sonntagsspaziergänge

Du liegst mal wieder auf den Knien. Eine Hand zieht dich nach oben. Der Vater mit seinem breitkrempigen Hut und der Zigarette im Mundwinkel. Er setzt dich auf seine Schultern und hält dich an den Füßen fest. Deine Schuhe möglichst weit weg vom dunklen Mantel, so geht er bedächtig den Kiesweg am Minigolfplatz entlang und raucht weiter. Der Dampf hüllt dich ein, du bist ganz geborgen darin. „Und nachher einen Schinkenhäger", sagt dein Vater. „Schließlich ist Sonntag!"

Ihr umrundet das Kriegerdenkmal und geht zum Ententeich. Er setzt dich ab, du rennst zum Steg und hüpfst. Boom, bong, bomm, bong, boom. Durch die Ritzen glitzert das Wasser. Weit beugst du dich vor. Deine Mutter zieht dich zurück und bindet ihr Perlonkopftuch neu. Sie duftet nach „Tosca" und gibt dir einen Kanten Brot. „Brich ganz kleine Stücke ab und wirf sie ins Wasser!" Du gehst in die Hocke. Wie das Brot im Wasser dick wird! Wie du nach dem Essen. Als das Brot ganz vollgesogen ist, schnäbeln es die Enten weg. Um besser sehen zu können, kniest du dich wieder hin.

Wir wollen Hosen!

In der niedersächsischen Stadt Varel verhängt die Rektorin der örtlichen Volksschule im Oktober 1957 ein „Hosenverbot" für Mädchen und droht bei Zuwiderhandlung mit dem Ausschluss von einem Schulausflug. Das Regierungspräsidium entscheidet: Grundsätzlich haben die Eltern über die Bekleidung ihrer Kinder zu bestimmen, sodass auch Mädchen in Hosen zur Schule geschickt werden dürfen. Das raue Klima in Norddeutschland und vor allem in der Küstenregion ist Begründung genug, die Töchter nicht im Rock die Schule besuchen zu lassen. Das „Hosenverbot" wird aufgehoben.

1959 bestimmt in Wien der „Hosenkrieg" für mehrere Wochen die öffentliche Diskussion. Zunächst wird an einer

Hosen waren nun mal der „Hit" für junge Mädchen und Frauen Ende der 50er-Jahre.

Oberschule für Mädchen das Tragen von Jeans im Unterricht verboten, da es einer Schülerin „unwürdig" ist. Dann wird das gleiche Verbot an einer Jungenschule verhängt. Jeans bedeuten Freiheit, für die Eltern ein Zeichen von Auflehnung.

Kopftücher und Strumpfhosen

In den Modemagazinen glänzten die Frauen im Ballon-Look und in Capri-Hosen. Ärmellose Kleider im Hemdblusenstil und Badeanzüge mit angedeutetem Rockteil versprachen schon den Sommer. Einstweilen aber steckten die Mädchen noch im Plüschmantel mit Knebelknöpfen und trugen Strumpfhosen unter den

Im Sportwagen, ein schnittiges Modell mit Radschutzkappen.

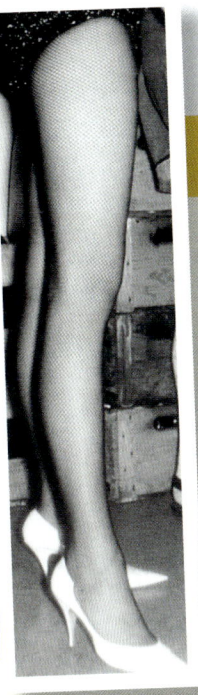

großkarierten Röcken. Die Kopftücher waren doppelt geknotet unter dem Kinn.

Zum „Reinwachsen" waren die Strumpfhosen gekauft, und so gab es immer Kringel in den Kniekehlen und an den Knöcheln. Die Jungen hatten mehr Speck an den Beinen und Grübchen an den Knien, die durften schon in Ringelpullis, Kniestrümpfen und kurzen Strickhosen laufen, die Träger vorne über kreuz. Popeline und Jersey hielten Einzug in die Kleiderschränke und auch Perlonstrümpfe, wie in den Modemagazinen.

Stellung der Frau

Am 11. Mai 1957 erklärt das Bundesarbeitsgericht die „Zölibatsklauseln" für nichtig, damit endet das Arbeitsverhältnis einer Frau nicht mehr automatisch mit der Eheschließung.

Am 1. Juli 1958 tritt das Gleichberechtigungsgesetz in Kraft. Die traditionelle Rollenverteilung ist als Norm weiter vorgesehen, aber Frauen dürfen nun ohne Einwilligung des Mannes berufstätig sein, über ihr eigenes Vermögen verfügen und einer Arbeit nachgehen, sofern dies mit ihren Familienpflichten vereinbar ist. In Erziehungsfragen aber behält der Vater den sogenannten „Stichentscheid". Er bleibt „der Herr im Haus", bis das Bundesverfassungsgericht ein Jahr später diese Regelung aufhebt und die gemeinsame Verantwortung der Eltern gegenüber dem Kind betont, die sich aus dem Grundgesetz ergibt.

Gut lachen, endlich Zeit für Hausarbeit.

Zwei Jahre später entscheidet das Bundesarbeitsgericht, dass alleinstehende Frauen nur einen Anspruch auf einen bezahlten Hausarbeitstag im Monat haben, wenn sie in einer eigenen Wohnung leben und eine Familie zu versorgen haben. Hausarbeit könne – nach den Argumenten der Arbeitgeber – an Wochenenden und nach Feierabend erledigt werden.

Der Küchenherd

Freitags gab es abends Spiegeleier. Wir standen auf einem Stuhl am Herd und
fanden es mutig von unserer Mutter, durch die runde Luke den Arm bis zur Glut
hindurchzustrecken und die in Zeitung eingewickelten Briketts langsam und
sorgfältig aufeinanderzuschichten. Die Flammen leckten am Papier, bevor sie

emporloderten. Schnell mit dem Haken den großen, runden Verschluss auf die Öffnung und die Pfanne von der Seite zur Mitte ziehen. Mit dem Messer am Ramawürfel entlangfahren und den kleinen Fettberg in die Pfanne gleiten lassen, wo er sofort schmolz. Am Rand die Eier aufkicken, ohne die heiße, dunkle Herdoberfläche zu bekleckern.

Wir hörten, wie Eier brutzelten und Flammen prasselten und kniffen die Augen ganz fest zu, bis Spiegeleiergeruch in unsere Nasen drang. Die Rama spritzte aus der Pfanne. Schnell mit einem nassen Lappen die Flecken weggerieben. „Wenn das erst einbrennt." Wir malten uns ein hübsches Muster auf der schwarzen Oberfläche aus. Die Pfanne beiseitegeschoben und runter vom Stuhl. Die Ofentür war offen, und die Flammen loderten hell auf. Noch zwei schwarzglänzende Briketts hinein. Damit die Hitze später für heißes Wasser zum Abwaschen reichte. Aber erst aßen wir Spiegeleier zum Abendbrot.

Das Atomium in Brüssel.

Weltausstellung in Brüssel

Unter dem Motto „Bilanz der Welt – für eine menschlichere Welt" findet vom 17. April bis 19. Oktober 1958 die erste Weltausstellung nach dem Ende des Zweiten Weltkriegs statt. Zentrale Themen sind Kerntechnik und Raumfahrt. Mittelpunkt und Symbol des Glaubens an den technischen Fortschritt ist die 150-Milliardenfache Vergrößerung eines Alpha-Eisenkristalls, das Atomium. Die Konstruk-

tion erhebt sich 110 Meter über das Ausstellungsgelände. In die neun zweistöckigen Kugeln, die mit einer hochglänzenden Aluminiumlegierung verkleidet und durch Stahlrohre verbunden sind, gelangen die Besucher durch einen Fahrstuhl im Mittelmast oder über Rolltreppen innerhalb der Stahlrohre. Trotz aller Technik stehe der Mensch weiterhin im Mittelpunkt, betonen die Aussteller.

1. bis 3. Lebensjahr

Dauerwellen und Pomade

In Düsseldorf wurde das „Haus der Schönheit" eröffnet. Mädchen wie Jungen fuhren im Kinderwagen mit zur Dauerwelle und schnupperten am Nebel vom Haarspray. Für die Mädchen gab es meistens eine neue Haarspange. Die Jungen bekamen Pomade und sahen aus wie Elvis. Die Haare der Kinder aber wurden selbst geschnitten, die der Jungen ziemlich kurz, damit es sich lohnte und sie kräftiger nachwuchsen. Die Mädchen trugen die Haare oft halblang mit einem Pony, der nicht in die Augen fallen durfte und mindestens die halbe Stirn freilassen musste. An den Seiten hielten Spangen die Haare aus dem Gesicht. Das Haarewaschen zu Hause ging nicht ohne Tränen vonstatten, trotz des milden Eishampoos. Jungen wie Mädchen bekamen danach die Haare mit einem Handtuch trocken gerubbelt. Am Ofen spielten sie Dauerwelle im „Haus der Schönheit", obwohl die Augen brannten.

Erste Experimente

Das DDR-Fernsehen zeigte einen Hund mit zwei Köpfen. Wir Mädchen standen vor dem Spiegel. Nur ein Kopf. Schade. Wir pieksten uns mit einer Schere in den Bauch. Was war da drin? Es tat weh. Und bei den Puppen? Die sagten keinen Ton, also schnitten wir sie auf. Drinnen war nichts, nur Luft. Wir konnten die Puppen anziehen und ausziehen, mit ihnen auf dem Arm herumlaufen, sie spazierenfahren. Aber ein Geschwisterchen wäre uns lieber gewesen. So weich wie ein Teddy. „Das können wir uns noch nicht leisten."

Wir pflückten Gänseblümchen zum Muttertag, aber es half nicht. Die Jungen ließen das Jo-Jo auf und ab schnurren und badeten ihre Legosteine in der Zinkwanne im Garten. Und manchmal tauchte ein Hund mit zwei Köpfen aus dem Wasser auf.

Legosteine, am Anfang
eine knifflige Angelegenheit.

1. bis 3. Lebensjahr

1960–1962

Zwischen Schweinebucht und **Kindergarten**

Fahrrad und Fernseher, so fing
unser modernes Leben an.

Fahrrad fahren

Auf deinem kleinen roten Fahrrad
saust du die Straße hinunter bis
zur Querstraße, dort ist die
ungeschriebene Grenze. Du bist
schnell und wirst schneller und
schneller, trittst, bis deine Beine
den Pedalen nicht mehr hinterherkommen, das Rad auf seinen dicken Ballonreifen
dahinsaust und du die Beine in die Luft hebst. Du streckst auch die Arme hoch,
fährst die letzten Meter freihändig. Aus dem Garten des Rechtsanwalts bellt dich
der Boxer an, der dich mal gebissen hat. Und dann stapfst du mit den anderen die
Straße wieder hinauf, neben dir das Fahrrad, schwer und massig.

Chronik

13. Februar 1960
Erster französischer Atombombenversuch in der Sahara, mit dem Frankreich neben den USA, der UdSSR und Großbritannien zur 4. Atommacht aufsteigt.

25. August 1960
Bei den Olympischen Sommerspielen in Rom treten BRD und DDR gemeinsam mit einer Mannschaft auf. Erstmals werden die Spiele vom Fernsehen in alle Teile der Welt übertragen.

12. April 1961
Der sowjetische Kosmonaut Juri Gagarin umkreist als erster Mensch in einem Raumschiff die Erde.

20. April 1961
Der kubanische Ministerpräsident Fidel Castro gibt bekannt, dass die Invasion der Exilkubaner in der Schweinebucht, die vom CIA inszeniert wurde, gescheitert ist.

7. Juni 1961
Da die Arbeitsämter mit 5 Milliarden DM zu hohe Rücklagen haben, beschließt das Bundeskabinett in Bonn, dass ab 1. August 1961 für sechs Monate keine Beiträge zur Arbeitslosenversicherung gezahlt werden müssen.

13. August 1961
Nach der Sperrung der russischen Sektorengrenze in Berlin wird der Ostsektor mit Stacheldraht abgeriegelt und das Brandenburger Tor geschlossen. Die DDR beginnt mit dem Mauerbau.

17. Februar 1962
Eine Sturmflut an der Nordseeküste fordert allein in Hamburg mehr als 300 Menschenleben. In den Plänen zum Katastrophenschutz ist eine Evakuierung von Menschen nicht vorgesehen.

26. Oktober 1962
Die Redaktionsräume des Nachrichtenmagazins „Der Spiegel" werden durchsucht und besetzt. Der Herausgeber, Rudolf Augstein, wird zusammen mit leitenden Redakteuren verhaftet. Am 30. November 1962 tritt Franz Josef Strauß als Verteidigungsminister zurück.

Volldampf voraus!, auch wenn das Rad schon ein wenig klein ist.

Ein Rennrad ist dein Traum, die anderen sind immer schneller, aber auch älter.

Bis zu eurer Wohnung läufst du halb, halb fährst du, dort ist der Start. Du rennst die letzten Meter, nur schnell in den Pulk der anderen, damit die Mutter dich nicht sieht und hereinrufen kann. Und wieder hinunter, fünfzig-, hundertmal hintereinander, niemand zählt, wie oft du es an diesem Nachmittag schaffst. Wichtig ist nur der Wind in deinen Haaren, die Sonne auf der Nase, die Lippen trocken und feucht zugleich. Du bist frei, kannst so schnell sein und alles hinter dir lassen auf deinem kleinen roten Fahrrad.

Leberwurstbrote und Apfelschnitze

Um halb zwei ging der Zug mit der Dampflokomotive, den nahmen wir, wenn wir von Zeit zu Zeit in die nahe gelegene Stadt fuhren. Es gab Zugbrote und geschälte Äpfel. Zum Trinken kriegten wir nichts, damit wir nicht aufs Zugklo mussten. Kaum saßen wir, kam wie immer die Frage: „Habt ihr Hunger?" Wir waren nicht hungrig, kamen doch gerade vom Mittagessen zu Hause, aber das zählte nicht. Sobald der Zug anruckte, mussten wir abbeißen vom Leberwurstbrot, dick bestrichen war es, anders als beim Abendessen. Die Äpfel waren in der Plastiktüte braun geworden. Ein feiner schmieriger Film umhüllte die Schnitze und oft rutschten sie uns, gar nicht ungelegen, aus den Fingern. Eine halbe Stunde dauerte die Fahrt nur, bis die Dampflokomotive schnaufte, die gewaltigen Räder kreischten und still standen.

Noch gab es sie, die gewaltigen Dampflokomotiven.

Mit der Eisenbahn an die Nordsee

Mit der Eisenbahn ging manch erste Urlaubsreise an die Nordsee, während Gagarin und Shepard ins All flogen. D-Zug kostete Zuschlag, genauso wie das Aufgeben der Koffer. Kein Thema beim Wettlauf in der bemannten Raumfahrt. Ein Schiff wird kommen, sang Lale Anderson. Vor dem Abteilfenster flogen Kühe und Bäume vorbei. Es gab hart gekochte Eier mit Löwensenf. An den Bahnübergängen warteten Autos, der neue R4 mit Heckklappe oder der VW-Bus. Von Norddeich

Vor dem Strandkorb.

Mole ging es mit der Fähre weiter nach Norderney, das so kalt und windig war im Mai, aber gesund war die Luft und stärkte die Bronchien.

Die Mädchen durften Pepitahosen und weiße Turnschuhe tragen und bauten Sandburgen, die am nächsten Tag verweht waren. Die Jungen ließen Drachen steigen, und spielten am Strand die Invasion in der Schweinebucht nach, bis die Eisenbahn zurück in den Alltag fuhr.

Unser Weg zum Kindergarten

Die Brottaschen ließen wir am Riemen wild durch die Luft kreisen. Um halb acht warteten wir am gelben Briefkasten beim Heimathof, dort holte uns die Kindergartentante ab. Sie ermahnte uns, nicht auf die Straße zu rennen, obwohl weit und breit kein Auto zu sehen war. Vom nahe gelegenen Teich flogen nur ein paar Enten auf.

Unterwegs mit Brottasche.

4. bis 6. Lebensjahr

Wir fassten wir uns zu zweit an den Händen und gingen nebeneinander langsam und gesittet über die Straße. In der feuchten Wiese neben dem Bürgersteig quakten die Frösche. Die Dahlien standen in voller Blüte, bald war wieder Blüten- und Trachtenfest. „Im Frühtau zu Berge ...", „Alle Vögel sind schon da" oder „Das Wandern ist des Müllers Lust" sangen wir und liefen die Straße hoch. An der Villa mit den beiden schwarzen Doggen spielten wir „Mäuschen", und die Kindergartentante lotste uns möglichst schnell vorbei. Die Hunde standen manchmal hinter dem großen Tor an der Einfahrt und bellten bis in unsere Mägen hinein. Bei der großen Kreuzung an der Kaufhalle blieben wir stehen und rückten ganz eng zusammen, bis am Zebrastreifen das nächste Auto anhielt und der Fahrer uns hinüberwinkte. Aus dem Bäckerladen duftete es nach frischen Brötchen, aber die Kindergartentante trieb uns nun zur Eile an. Der Apotheker in seinem weißen Kittel stellte das große A mit der Schlange vor die Tür, beim Juwelier waren die Fenster noch vergittert. Am Kindergarten schloss sich quietschend das große Eisentor hinter uns.

Erst mittags würden wir unsere Freiheit zurückbekommen und unsere Brot-taschen wieder durch die Luft wirbeln lassen können.

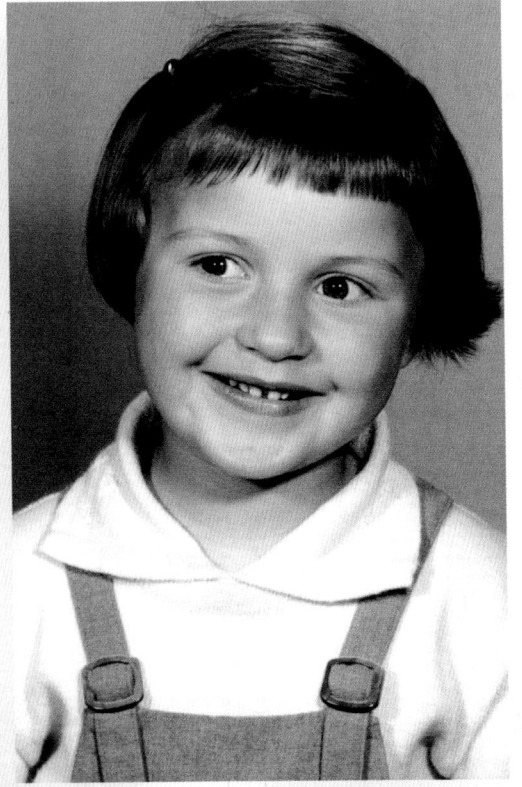

Und immer so satt

Hühner, die im Hof scharrten und vom Boden pickten, was sie fanden, wurden in den kleineren Städten oft zur Eigen-versorgung gehalten. Manchmal durften die Kinder ihnen Körner hinwerfen. Im Spätsommer kletterten die Jungen vom Dach des Hühnerstalls auf den großen Sauerkirschbaum, futterten sich Kugel-bäuche an und trafen sich mit den Nachbarsjungen, die über das Gara-gendach ins Geäst kamen.

Im Kindergarten, ein Lächeln
für den Fotografen.

Die Zeitungen meldeten im Februar 1961: „Deutsche Hausfrauen kochen wieder mehr ein!" Wie wahr. Die Mädchen konnten ein Lied davon singen. Sauerkirschen entsteinen mit einer aufgebogenen Haarnadel, Erbsen ausdöppen oder den Faden von den grünen Bohnen abziehen. Himmlisch aber waren die Himbeeren am Ende des Gartens oder die kleinen Birnen, die fast bis ins Gras hinunterhingen.

Alle waren immer satt und sollten doch mehr essen. Erhards Appelle zum Maßhalten waren bei den Erwachsenen nicht angekommen. Nur bei einer Einladung zum Pickert-Essen konnten auch die Kinder nicht genug kriegen von den lappigen Kartoffelplätzchen mit Speck, die direkt auf der Platte von einem alten Kochherd gebraten wurden. Und im Hof gackerten die Hühner.

Schon früh fährst du in die weite Welt.

Kirmes

Auf und ab wippt dein Rock, als du zur Maikirmes gehst. Es ist warm, Sommer fast. Du willst Karussell fahren, sonst nichts, wenn nur das Kopftuch nicht wäre, aber immerhin darfst du Kniestrümpfe tragen. Deine Oma, die zu Besuch ist, hat es durchgesetzt. Du kletterst gleich auf das Fahrrad, es ist dein Motorrad, und drehst

4. bis 6. Lebensjahr

… wohlverdiente Pausen.

am Gasgriff. Das Karussell klingelt, und du fährst hinaus in die weite Welt. Deine Kniestrümpfe rutschen, die von deiner Freundin nicht. Langsamer drehst du dich, willst nicht absteigen, aber deine Mutter fasst an deine Knie. Zu kalt, dabei hat Oma schon bezahlt, du hast es genau gesehen. Das Karussell dreht sich wieder, du stehst daneben und drehst dich mit, dein Rock schwingt.

Kaugummiautomaten

„Aber nicht runterschlucken", sagt dein Vater und drückt dir eine rote Kugel in die Hand, die du vorsichtig in den Mund schiebst und darauf herumlutschst. „Du musst kauen." Er steckt noch einen Groschen in den Automaten und dreht. Heraus kommt eine blaue Kugel, die sieht ekelig aus, aber er steckt sie in den Mund. „So", sagt er, macht einen ganz breiten Mund und kaut mit vollen Lippen. Die rote Kugel in deinem Mund ist rau geworden und schmeckt nach Erdbeer. Du schiebst sie in die Backentasche.

Interessiert haben uns die bunten Kugeln von Anfang an.

Dein Vater stupst an die Beule. „Kauen, hab ich gesagt! Schluck sie bloß nicht runter! Sie verklebt dir den Magen." Vorsichtig schiebst du die Kugel mit der Zunge zwischen die Backenzähne und presst die Lippen aufeinander. „Ganz locker musst du sein, spitz mal die Lippen und jetzt grinsen", sagt er und macht es vor. Die Kugel in deinem Mund rutscht nach vorne und ist plötzlich zwischen den Zähnen, die sie ganz platt drücken. Du kaust und schluckst und kaust. „Wenn der Geschmack weg ist, musst du sie ausspucken."

Von Freddy Quinn
über Heintje zu Manfred Mann

Ende der 50er- und Anfang der 60er-
Jahre boten die deutschen Schlager den
Träumen und Sehnsüchten der Mehrheit
der Bevölkerung eine breite Basis.
Freddy Quinn (Die Gitarre und das
Meer), Heidi Brühl (Wir wollen niemals
auseinandergehen) oder Nana Mous-
kouri (Weiße Rosen aus Athen) begleite-
ten mit ihren Liedern den Alltag. Freddy
Quinn garantierte mit seiner Biografie für
die Wahrhaftigkeit seiner Texte.

Conny Froboess. Rita Pavone.

Von Zeit zu Zeit durfte es aber auch
schon mal etwas frecher sein. Rita
Pavone (Wenn ich ein Junge wär')
Conny Froboess (Zwei kleine Italiener)
oder Bill Ramsey (Pigalle) sangen sich in
das Herz des Publikums. Und bis heute
kommt bei jeder passenden Gelegenheit
noch „Marmor, Stein und Eisen bricht"
von Drafi Deutscher zu Ehren.

Englische Titel eroberten auch in
Deutschland die Hitparade, angefangen
bei Nancy Sinatra (These Boots are
made for Walking) über David Garrick
(Dear Mrs Applebee) bis hin zu Manfred
Mann (Ha ha said the Clown). Die
Vorlieben der älteren Generation
spiegelten sich wider in den Liedern von
Heintje und erreichten 1970 noch einmal
einen Höhepunkt, sodass die Frankfurter
Allgemeine Zeitung schrieb: „Gegen
Heintje können sich heute selbst
Friedhofsverwaltungen nicht mehr
sperren …"

Mecki

Vielleicht waren wir etwa gleich alt. Wer keinen eigenen Hund besaß, suchte sich
einen, um den er sich kümmern konnte. Er hieß Mecki und war einfach immer da,
wenn wir zum Milchholen gingen. In einem Eckhaus mit großem Garten wohnte er,
eine dichte Hecke ringsherum. Manchmal durften wir ihn streicheln. Das helle Fell
war so weich. Unsere Hände glitten über seinen Rücken, ganz vorsichtig. Er guckte
freundlich mit seinen schwarzen Augen, legte sich auf die Seite und streckte sich.
Am Hals kraulen, das mochte er besonders gerne, es war ganz nah an seiner

Schnauze. Wie die sich wohl anfühlte? Wir stupsten ihn mit dem Finger. Weich und kalt und ein bisschen feucht. Er knurrte, wir zuckten zurück.

Als wir Mecki zum ersten Mal spazieren führten, zog er an der Leine, aber wir waren genauso stark wie er. Er tat nicht, was wir sagten, aber wir taten ja auch nicht, was unsere Eltern wollten. Wir liefen zickzack auf der Straße, Autos fuhren nur manchmal. Viele Nachmittage waren wir bei Mecki und verdienten uns die ersten Groschen mit dem Ausführen. Er zog nicht mehr an der Leine und kriegte graues Haar.

Prozess gegen Adolf Eichmann in Jerusalem

Am 23. Mai 1960 gibt der israelische Ministerpräsident David Ben Gurion bekannt, dass der israelische Geheimdienst Adolf Eichmann aus Buenos Aires entführt und in ein Gefängnis bei Haifa gebracht hat. Adolf Eichmann war im Dritten Reich für die „Endlösung der Judenfrage" zuständig. Nach seiner detaillierten Planung wurden die Juden in die Konzentrationslager abtransportiert und ca. 6 Millionen von ihnen systematisch ermordet. Israel hatte sich wegen des langwierigen und unsicheren Verfahrens dagegen entschieden, die argentinische Regierung um eine offizielle Auslieferung zu bitten. Der Prozess gegen Adolf Eichmann beginnt am 11. April 1961 in Jerusalem. Er wird in einem kugelsicheren Glaskasten verhört. Das Todesurteil wird am 31. Mai 1962 vollstreckt, da keines der Länder, in denen Eichmann seine Verbrechen begangen hat, einen Auslieferungsantrag stellt.

Adolf Eichmann.

Vom Milchladen zur Wirtschafts- rezession

Angebot in einem Tante-Emma-Laden.

Milch mit Schaum

„Beeil dich. Die Milch ist aus. Um sechs gibt es Abendbrot. Einen Liter, aber achte darauf, dass Herr König die Kanne genau bis zum Strich voll pumpt." Du springst vom Fensterbrett. Deine Mutter gibt dir fünfzig Pfennig und schiebt dir den grünen Henkel der Plastikkanne in die Hand. „Den Rest kriege ich wieder."

Herr König kommt sofort in seinem weißen Kittel hinter der Käsetheke hervor und geht zur Milchpumpe. Heute sind keine Kunden im Laden, du musst nicht warten. Du reichst ihm die Kanne. Herr König schiebt den Ärmel hoch und drückt einen

Chronik

Die Milchkanne gehörte zum Einkaufen dazu.

22. Januar 1963
Bundeskanzler Konrad Adenauer und der französische Staatspräsident Charles de Gaulle unterzeichnen in Paris den deutsch-französischen Vertrag.

26. Juni 1963
Hunderttausende bereiten dem US-Präsidenten John F. Kennedy in Berlin einen begeisterten Empfang. Der Jubel nimmt kein Ende, als Kennedy bei einer Kundgebung vor dem Schöneberger Rathaus ruft: „Ich bin ein Berliner!"

10. September 1964
Auf dem Bahnhof Köln-Deutz wird der millionste Gastarbeiter, der durch Los ermittelte Portugiese Armando Rodrigues, mit einem Moped begrüßt.

10. Dezember 1964
Jean Paul Sartre lehnt als Erster den Literatur-Nobelpreis aus freien Stücken ab.

8./9. März 1965
Die USA schicken mit den sogenannten „Ledernacken" erstmals Elitetruppen nach Vietnam; aber schon beim ersten Einsatz erleiden 40% der Soldaten Kreislaufzusammenbrüche und Hitzschläge.

18. Mai 1965
Die britische Königin Elisabeth II. trifft zu einem elftägigen Besuch in der Bundesrepublik Deutschland ein und bestimmt während dieser Zeit die Berichterstattung in Funk, Fernsehen und Zeitungen.

9. August 1965
Die Nachfrage nach führerscheinlosen Motorfahrrädern, Mofas genannt, kann nicht befriedigt werden. Das Mofa darf maximal 25 km/h fahren und ist wie das Fahrrad mit Pedalen und Rücktrittbremse ausgestattet.

19. Januar 1966
Indira Gandhi, die Tochter des indischen Staatsgründers Nehru, wird im Parlament in Neu-Dehli zur neuen Premierministerin gewählt.

30. November / 1. Dezember 1966
Bundeskanzler Ludwig Erhardt (CDU) reicht am 30.11. seinen Rücktritt ein, nachdem die vier FDP-Minister zurückgetreten sind und die Regierungskoalition zerbrochen ist. Am 1.12. wird Kurt Georg Kiesinger (CDU) als Kanzler einer Großen Koalition gewählt; Vizekanzler und Außenminister wird Willy Brandt (SPD).

glänzenden Hebel herunter. In einem dicken Strahl fließt die Milch in die Plastikkanne und schäumt hell und hart auf. Es riecht säuerlich. Er pumpt noch ein paarmal, das Geräusch wird dumpfer. Sorgsam drückt er den Deckel fest und reicht die Kanne über die Theke.
„Bekommst du sonst noch was?"

„Die Milch geht nicht ganz bis zum Strich! Die Mutter hat gesagt ..."

„Soso, die Mutter, das ist Schaum, kannst du ihr bestellen, der zählt auch. Hier noch fünf Pfennige, dein Rückgeld. Oder kriegst du noch eine Tüte saure Drops?"

Du schüttelst den Kopf. Vielleicht ist es doch besser, die Milch in Tüten zu kaufen?

Draußen umringen dich die anderen Kinder aus eurer Straße. „Wetten, du traust dich nicht?", sagt Markus, der Sohn vom Pfarrer, der schon in die Schule geht. Er schubst dich. „Lass die Kanne ohne Deckel kreisen. Na los!" Markus stemmt die Hände in die Hüfte. Beim Krippenspiel ist er immer Josef. Du drückst ihm den Deckel in die Hand und legst los, hast geübt. Mit einem kräftigen Schwung, dann schnell und immer schneller. Mit dem anderen Arm hältst du dagegen und wirbelst die Kanne durch die Luft. Blitzschnell fängst du sie aus der Drehung ab. Die anderen klatschen, und Markus brummt: „Okay, du bist dabei. Musst eben sterben, wenn wir Indianer spielen und du um sechs zu Hause Abendbrot essen musst."

Fast überall waren die Gewässer zugefroren und wir hatten viel Spaß daran.

Weiße Welt

„Kaum noch Briketts im Keller, aber bei Hamburg kann man jetzt mit dem Auto über die Elbe fahren! Selbst der Bodensee ist zugefroren!" Im Fernsehen wurden Bilder gezeigt von Glühweinständen und Würstchenbuden auf dem Eis. Mädchen und Jungen zogen mit Besen und Schaufeln los zum Schlittschuhlaufen auf dem Ententeich. Die weiße Fläche des Sees lag unberührt, der Schnee locker. Die meisten schnallten die Schlittschuhe an die alten Schuhe, aber einige hatten schon festmontierte weiße Schnürstiefel an den Schlittschuhen. Es begann ein emsiges Schaufeln und Fegen. Nach einer Weile entstand ein riesiges Labyrinth. Bis zu den Hüften waren die Kinder verdeckt von den weißen Massen. Es gab Kurven und Kreuzungen, und alle Wege endeten am Entenhaus, wo der Teich nie ganz zugefroren war. Die Enten schauten verwundert.

Wenn die Jungen unverhofft den Mädchen in die Arme fuhren, lachten sie und machten schnell kehrt, rutschten um Kurven und nahmen die Schaufeln, um neue Pfade zu graben. Als am späten Nachmittag alle nach Hause zurückkehrten, hieß es: „Der dritte Jahrhundertwinter. Wenn nur der Kohlenmann endlich die Briketts bringen würde."

John F. Kennedy wird in Dallas erschossen

Der liberale Senator des Nachbarstaates Arkansas warnt Kennedy: „Dallas ist ein gefährlicher Ort. Ich würde nicht dorthin fahren." Doch der Präsident verspricht sich durch seinen persönlichen Besuch einen Zuwachs an Sympathie für die Wahlen im nächsten Jahr. Wegen des herrlichen Sonnenscheins wird in Dallas das kugelsichere Dach vom Präsidenten-wagen entfernt. Am 23. November 1963 folgt der Konvoi einer Route, die drei Tage zuvor in den Lokalzeitungen veröffentlicht wurde. Als der Wagen das Stadtzentrum verlässt, fallen Schüsse. Kennedey bricht zusammen. Acht Minuten später erreicht der Wagen das Krankenhaus, aber die Rettungsversu-che kommen zu spät. An Bord der Air Force One wird 98 Minuten später Lyndon B. Johnson zum neuen Präsiden-ten vereidigt. Neben ihm steht Jacque-line Kennedy im blutbefleckten Kostüm.

Zwei Tage später erschießt der Nacht-klubbesitzer Jack Leon Rubinstein den mutmaßlichen Mörder Lee Harvey Oswald, der aufgrund von Indizien festgenommen wurde, die Tat jedoch bestreitet.

Schultüte im Mai

Es war kühl draußen, und wir trugen warme Mäntel und lange Strumpfhosen. In der rechten Hand hielten wir die glänzende Schultüte. Wie gerne hätten wir gewusst, was sich alles darin verbarg. „Erst wenn wir zurückkommen", sagte unsere Mutter und nahm uns an die Hand, als wir das Schulhaus betraten. Unser Klassenraum lag im Erdgeschoss auf der linken Seite. „Klasse 1b, merkt euch das." Unsere Klassenlehrerin war ein Fräulein und trug die dunklen Haare streng nach hinten zu einem Knoten gekämmt. Unsere Mutter schob uns nach vorne. „Hinten seid ihr nur abgelenkt." So saßen wir schließlich in der ersten Reihe.

Die Mütter stellten sich hinten an der Wand auf. „Ruhe!", rief das Fräulein und klopfte mit einem Lineal auf ihr Pult. „Schaut mal alle schön nach vorne. Das ist die Tafel, dort schreibe ich an, was ihr lernen müsst. Hier ist euer Stundenplan." Sie verteilte ein Blatt Papier und sprach über unsere Köpfe hinweg zu unseren Müttern. Wie viele Stunden wir jeden Tag haben sollten und welche Fächer. Ein Schreibheft brauchten wir, und eines mit Rechenkästchen. Aber vorerst nur einen weichen Bleistift. Zum Glück dauerte es nicht mehr besonders lange.

Dieses Mal zogen wir unsere Mutter an der Hand, hatten es eilig. Die Schultüte war mit einem Bändchen zugebunden, an dem wir nur ziehen mussten, das hatten wir schon genau gesehen. Zu Hause fanden wir Bonbons und Buntstifte, eine Tüte Glückstaler und einen Füller, Eisschokolade und einen Fünfmarkschein. „Der ist von Oma und die Eisschokolade kommt gleich in den Kühlschrank." Dabei war es draußen kühl genug.

Ein Mädchen spielt nicht mit Autos

„Du bist kein Junge!" Deine Mutter zieht dich im Spielwarenladen wieder zu den Puppen. Du reißt dich los und rennst zurück zu den Autos, wo dein Bruder im Sportwagen vor sich hinbrabbelt. „Du willst ein Auto?", fragt deine Mutter ihn. Sie nimmt dir den silberfarbenen Ferrari aus der Hand und gibt ihn deinem Bruder. „Was willst du?", fragt deine Mutter noch mal und geht wieder zu den Puppen. Du schüttelst den Kopf, eine Puppe hast du, das ist schon zu viel. „Dann kriegst du eben nichts, wenn du nicht hören kannst!" Zu Hause knabbert dein Bruder am Ferrari herum. „Pass auf, dass er nicht alles in den Mund steckt", sagt deine Mutter und geht in die Küche.

Du drückst deinem Bruder die Puppe in die Hand, und er lässt das Auto fallen. Wie bei einem richtigen Auto kannst du die Türen öffnen. Du lässt den Ferrari über das Linoleum flitzen. An der Wand prallt er gegen ein Kissen, das du dort hingelegt hast. Schnell ist er, so stellst du dir das Leben vor, schneller als jetzt. Und bei jedem Mal holst du mehr Schwung. Brum, brumm, sssst. Dein Bruder krabbelt mit der Puppe im Schlepptau auf dem Boden herum. Brum, brumm, sssst, peng! Jetzt hast du einen Moment nicht aufgepasst, dein Bruder hat das Kissen weggezogen und die Puppe daraufgelegt. „Lieb sein, lieb", sagt er und streichelt sie, als deine Mutter ins Zimmer stürzt. „Was war das? Und was soll denn das? Ein Mädchen spielt nicht mit Autos, hab ich gesagt!"

Sie gibt deinem Bruder das Auto, nimmt die Puppe vom Kissen und setzt sie wieder auf dein Bett. Du stampfst mit dem Fuß auf. Dein Bruder heult und wirft das Auto gegen die Wand. Im Radio singt Rita Pavone „Wenn ich ein Junge wär."

Ferrari Matchboxauto.

Das große Abenteuer

Sommerferien. Seit Wochen nichts als Sonne. „Hitzewelle!", titelte die Zeitung. „Gut, dass wir nicht in den Urlaub gefahren sind. Zu Hause ist es doch am schönsten!"

Den Kindern aber war es langweilig, nur gut, dass es ein Freibad gab. „Ihr wollt also euren Freischwimmer machen? Und eure Eltern wissen das? Also, bleibt in der Nähe des Beckenrandes", sagte der Bademeister und nahm seine Stoppuhr. Es sollte helfen, sich die Zeit nicht vorzustellen. Immer ruhig zu atmen, nicht zu tief zu

Ausbooten vor Helgoland.

sacken. Und nur kein Wasser schlucken, einfach weiterschwimmen. Der Bademeister setzte sich auf eine Bank und beobachtete ein paar Federwolken. Noch zehn Minuten. Warum verging die Zeit mal langsam und dann schnell? Singen sollte auch helfen, nicht richtig, nur so im Kopf. Noch fünf Minuten, eine Beckenrunde. Wenn nur das Wasser kühler wäre.

Der Bademeister winkte und rief: „Jetzt noch der Sprung!" Einen nagelneuen Freischwimmer, mit Ausweis und Abzeichen, konnten die Urlauber nicht vorweisen, vor allem nicht, ohne dass die Eltern davon wussten. „Was da alles hätte passieren können! Wären wir nur an die Nordsee gefahren", hieß es auf einmal. Es waren Sommerferien mit nichts als Sonne.

Freibad war das Größte, aber im Meer war es besser!

DRrrrr – Die Nähmaschine

Das Fenster war offen. DRrrrrrr. Unsere Mutter nähte. Wir standen vor der Haustür, hielten den Schlüssel in der Hand. DRrrrrr. Das waren Gardinen. Heimarbeit. DRrrrrrr. Unsicher schlossen wir die Wohnungstür auf. Den Schlüssel hatten wir noch nicht lange. Die Holzdielen im Flur bebten. DRrrrrrr. Wir dachten schneller, atmeten im DRrrrrrr-Rhythmus, von ganz tief unten nach ganz hoch oben. In der Küche waberte der Geruch dicker Bohnen, wir kriegten keine Luft und rannten zum Fenster, wo die Nähmaschine DRrrrrrr machte, aber plötzlich schwieg. Wir würgten. Dicke Bohnen konnten wir nicht essen.

    Auf dem Küchentisch lag die hellgrüne Bügeldecke, war etwas zur Seite gezogen, aber am Rand stand heute noch kein Teller. Wir hatten mal wieder früher Schulschluss gehabt. Das Bügeleisen knackste leise. DRrrrrrr. Auf dem Herd klapperte der Teller im Wasserbad. Gardinen bauschten sich auf dem Küchenlinoleum, reckten sich in die Höhe, wiegten sich wie eine Kobra, das Bügeleisen zischte. DRrrrrrr. Schnipp. Wir rieben uns die Augen und hielten die Luft an.

Die wenigsten Mütter waren erwerbstätig.

7. bis 10. Lebensjahr

Sahen, wie der Fadengeber an der Nähmaschine sich wieder nach unten bewegte, zögernd, dann hoch und nach unten sauste. DRr – drrrr – DRrrrrrr. Der Fußboden schien sich unter dem Küchensofa hervorzuwölben. Uns wurde schwindelig vom Auf und Ab der Nähnadel. DRrrrrrr machte die Nadel, hörte sich abgebrochen an.

Unsere Mutter stand auf und holte den Teller vom Herd. Für uns gab es Kartoffeln und Möhren. Wir atmeten auf. Das Fenster war offen.

Und wie das riecht!

Zum Schuster gehst du immer gerne, das Haus liegt etwas zurückgesetzt von der Straße. Es klingelt, wenn du eintrittst, aber wenn er in einem kleinen Raum neben der Verkaufstheke gerade das Werkzeug in der Hand hält, musst du warten. Wie gerne geduldest du dich, saugst tief diese Mischung aus Schuhcreme, Öl und Leder ein. Mit kurzen Schlägen bearbeitet der Schuster eine Sohle, hält sie an eine Maschine und schleift die Ränder glatt. Er trägt eine Lederschürze über dem grauen Arbeitskittel. Neben einer Wasserwanne steht ein dreibeiniger Schemel am Arbeitstisch, auf dem die Schusterwerkzeuge liegen. Zangen zum Beißen und Zwicken, Falten und Ziehen. Ein Messer und eine Raspel mit Sandpapier. Eine Ahle zum Vorstechen der Löcher und Schweinsborsten als Nähnadeln. Wie früher.

In den Regalen lagern Schuhe, paarweise versehen mit einer Nummer, eingewickelt in Zeitungspapier. Du fragst dich, was mit ihnen geschieht, wenn sie nicht abgeholt werden. Viele Leute werfen ihre Schuhe weg und lassen sie nicht reparieren, hast du gehört, denn wenn die Sohlen abgelaufen sind, sind die Schuhe aus der Mode. Im Vogelkäfig am Fenster hüpfen Kohlmeisen umeinander und zwitschern aufgeregt ihr sieh-da-sieh-da.

Die Zeiten sind im Umbruch, dein Vater muss samstags nicht mehr arbeiten, aber er macht Überstunden, ihr wollt ein Haus bauen, und du bringst eure Schuhe zum Schuster. Wenn du sie zu Hause aus dem Papier wickelst, sieht man ihnen ihr Alter nicht mehr an. Die Sohlen sind blank und unbenutzt, wie aus dem Laden, der Absatz hat gerade scharfe Kanten. Deinen Schulranzen hast du gebraucht bekommen von Verwandten, und die Nähte platzen bald das erste Mal auf. Also trägst du auch ihn zum Schuster, der sich an eine Nähmaschine hinter der Verkaufstheke setzt. Ganz langsam und bedächtig tritt er das Pedal. D-R-r-r-r-r.

Schuhe putzen macht keinen Spaß.

7. bis 10. Lebensjahr

Immer wieder sonntags: Bonanza

Der Western „Bonanza" bricht alle Einschaltquoten. Viele Familien verbringen den Sonntagnachmittag vor dem Fernseher, wenn Vater Ben, Adam, Hoss und Little Joe als Familie Cartwright bei der Arbeit auf der Ponderosa-Ranch in Nevada gezeigt werden. Für jeden ist eine Identifikationsfigur dabei: Vater Ben ist ein vorbildlicher Vater und niemals ohne Weste zu sehen. Adam, der Älteste, ist besonders hübsch, aber zu ernsthaft. Der dicke Hoss trägt stets einen breitkrempigen Cowboy-Hut und ist ungemein liebenswert. Das Nesthäkchen Little Joe aber betört alle mit seinem Charme und trifft den richtigen Ton.

Die Stadtbücherei, z. B. in Wiesbaden.

Die angekokelte Bettdecke

Abends lagen wir im Bett und lasen. Winnetou II, wir mussten wissen, wie es weiterging. „Nun macht aber das Licht mal aus! Ihr könnt euch sonst gar nicht konzentrieren, morgen in der Schule." Wütend drückten wir den Lichtschalter von der Nachttischlampe. Klack. Das Buch lag neben uns, aufgeschlagen. Manchmal bekamen wir es weggenommen. Dann hatten wir verloren. Wir warteten. So lang war die Zeit nie, wenn wir lasen.

Wir hoben die Bettdecke etwas an und langsam, ganz vorsichtig zogen wir die Lampe heran. Aufpassen, die Kante vom Nachttisch. Geschafft. Wir warteten. Fanden uns so gut wie Winnetou beim Anschleichen. Lauschten. In unseren Ohren rauschte es. Wir husteten leise und drückten geschmeidig den Lichtschalter. Bewegten uns nicht. Es war schummrig unter der Decke, aber nach einer Weile roch es plötzlich nicht mehr nach Lagerfeuer, sondern nach verbranntem Stoff. Die Lampe ließ eines ihrer Plastikohren hängen, am Bettbezug war ein braunschwarzer Fleck. Ob wir den auswaschen konnten? Die ganze Nacht konnten wir nicht richtig schlafen, hatten Angst, die Decke würde wegschmoren und wir im Bett verbrennen.

7. bis 10. Lebensjahr

Erinnerung an die Kindheit.

Bruchwürstchen

„Schnell, fahr noch Bruchwürstchen holen! Ich hab Erbsen mit Möhren und Kartoffeln auf dem Herd stehen!" Deine Mutter drückt dir fünf Mark in die Hand. Du kletterst auf dein Fahrrad und steigst in die Pedale. Gerade noch rechtzeitig, bevor die Tür geschlossen wird, schlüpfst du in den Laden. Es ist ein Uhr.

„Vier Bruchwürstchen, bitte."

„Die sind alle, gibt's auch nicht mehr! Wir machen zu!"

„Aber unsere Erbsensuppe!"

„Karl, war da nicht noch ein Stück Knochenschinken? Und schau mal in der Zink-wanne, da sind auch noch Würstchen."

Die dicke Berta kommt um die Theke und drückt dir ein Päckchen in die Hand. „Geh jetzt! Wir machen zu."

Du fühlst den Knochenschinken durch das Papier. „Aber, so viel Geld hab ich nicht."

„Nimm alles mit, wir machen zu, für immer." Die dicke Berta schiebt dich zur Tür hinaus.

„Ich hab auch Schinken", sagst du zur Mutter, die schon in der Wohnungstür auf dich wartet.

„Bist du wahnsinnig? Papa macht Kurzarbeit!"

„Ich hab nichts bezahlt, die machen zu."

„Und wo kriege ich dann meine Bruchwürstchen her?" Deine Mutter reißt dir das Päckchen aus der Hand und steckt die Nase ins Papier. „Wo soll das nur hinführen, wenn die Geschäfte einfach schließen und die Politiker Schulden machen?"

Heinz Schenk moderierte ab
1966 den „Blauen Bock".

Heiteres Beruferaten „Mit Schirm, Charme und Melone"

Anfang der 60er-Jahre wurde der Fernseher zum unverzichtbaren Freizeitpartner. Besonders beliebt waren die zahlreichen Unterhaltungs- und Quizsendungen. „Musik aus Studio B", sendete Chris Howland. „Was bin ich?", fragte Robert Lemke im heiteren Beruferaten. „Vorsicht Falle", warnte Eduard Zimmermann und „Zum blauen Bock" lud 1964 Otto Höpfner ein.

Man traf sich zum gemeinsamen Fernsehabend, zu Durbridge-Krimis oder zum Stahlnetz. Der Absatz von Hausschuhen stieg, ebenso der Verkauf von Salzstangen und Knabbergebäck. Ab Mitte der 60er-Jahre machten Spielfilme den Unterhaltungssendungen zunehmend Konkurrenz. Im deutschen Fernsehen war Richard Kimble mehrere Jahre auf der Flucht und „Mit Schirm, Charme und Melone" spielten sich Emma Peel und John Steed einen festen Platz ein. 1969 zog mit der Mondlandung das Weltgeschehen live in die deutschen Wohnzimmer ein.

Robert Lembke:
„Was bin ich?"

Kurzschuljahre
mit
Selbstbedienung

In der Dorfschule lernten Große und Kleine noch gemeinsam.

Kurzschuljahre

Der Weg weitete sich auf der Höhe, und das heisere Krächzen der Rabenvögel verlor sich in den Baumwipfeln. Selbst von der Aussichtsplattform des Holzturms sahen wir den Fluss nicht. Rauer wehte der Wind hier oben. Unsere Mutter zog

Chronik

2. Juni 1967
In Berlin wird bei einer Demonstration gegen den Besuch des persischen Schahs der Student Benno Ohnesorg von dem Polizisten Harald Kurras erschossen. Kurras wird später zweimal freigesprochen.

5. Juni 1967
Der dritte israelisch-arabische Krieg (Sechstagekrieg) beginnt mit einer Offensive der Israelis, die neben den Golanhöhen, dem Westjordanland, dem Gazastreifen auch die Halbinsel Sinai erobern können.

4. April 1968
Bei der Vorbereitung einer Demonstration wird der schwarze Bürgerrechtler und Friedensnobelpreisträger Martin Luther King auf dem Balkon seines Hotels erschossen.

11. April 1968
Rudi Dutschke, einer der Führer der Außerparlamentarischen Opposition, wird bei einem Attentat in West-Berlin lebensgefährlich verletzt.

3. Oktober 1969
Bei den Bundestagswahlen am 28. September gewinnt die SPD Stimmen. Willy Brandt bildet eine sozialliberale Koalition und wird erster SPD-Bundeskanzler.

15. Oktober 1969
Nach dem Bekanntwerden des Massakers von My-Lai protestieren mehrere hunderttausend Menschen in den USA und Europa gegen den Vietnamkrieg.

12. Januar 1970
Mit der Kapitulation Biafras endet der Bürgerkrieg in Nigeria, bei dem 1,5 Millionen Menschen verhungern und 500 000 Menschen durch die Kämpfe ums Leben kommen.

7. Dezember 1970
In Warschau wird der deutsch-polnische Vertrag unterzeichnet, mit dem die Oder-Neiße-Linie als Westgrenze Polens durch Deutschland anerkannt wird. Vor der Unterzeichnung kniet Willy Brandt am Denkmal des Warschauer Ghettos nieder.

uns zurück vom Geländer und rannte zu den Geschwistern, die auf den Holzplanken hüpften. Deng-dang, dung-deng, Re-al-schu-le!, dröhnte es durch das Holzgerüst. Der Stempel von der Realschule zierte das Zeugnis der dritten Klasse. Und da war zu lesen: „... ist oft abgelenkt." Im Abschlusszeugnis der Volksschule stand kein „schwatzhaft" mehr bei „Beteiligung am Unterricht". Zu spät. Wir hätten Zeit gebraucht, wollten uns ändern und brav sein. Sogar Blockflöte lernten wir, um die Musiknote zu verbessern. „Befriedigend" haben wir gesungen, eine „tüchtige Leistung des guten Durchschnitts". Musik, Rechnen und Raumlehre und Sport, auch da reichte es nur zu einem „Befriedigend". Sonst waren wir „gut", also „merklich über dem Durchschnitt stehend", so stand es in der Erklärung der Notenstufen. Nicht gut genug fürs Gymnasium.

Die Julisonne brannte vom Himmel. Dieses Jahr hatten wir nur vier Wochen Sommerferien. Wir beugten uns wieder über das Geländer und sahen nach unten. Trockenes Gras, Schotter, der Waldweg. Unsere Mutter ging mit den Geschwistern die Holztreppen hinunter. Auf jeder Plattform hüpften sie, dengdang, dung-deng. Re-al-schu-le! Viermal. Sie waren unten. Wir öffneten die Augen ganz weit. Vier richtige Schuljahre hätten wir gebraucht. Wind strich durch die Tannen. „Kommt runter!" Wir würden neu anfangen, in der Realschule wusste niemand von den Einträgen im Zeugnis.

3 geteilt? niemals!

Auf manchem Schulweg stand eines dieser Blechschilder, auf dem „3 geteilt? niemals!" zu lesen war. Die Schüler sahen eine Landkarte, die von roten senkrecht verlaufenden Linien durchzogen war. Unter dem schwarz-rot-goldenen Blechschild hing ein Bär mit einer Kilometerangabe, wie weit es nach Berlin war. In der Schule lernten sie Englisch und in Geschichte etwas über die Frühkulturen der Menschheit. Später kamen Chemie und Physik dazu, das römische Reich, das Mittelalter und die französische Revolution. Das Blechschild hing weiter an seinem Platz am Zaun neben der Schule, und die Schüler grübelten.

  Außer der BRD gab es die DDR, so viel verriet das Fernsehen. Die Deutschlehrerin erzählte vom Haff und von Danzig, wo sie geboren war. Aber was bedeutete „3 geteilt? niemals!" Wer in der Bundesrepublik Deutschland lebte und Verwandte in der DDR hatte, durfte sie Ostern, Pfingsten und Weihnachten besuchen.

Deutschland war geteilt, aber dreigeteilt? Die Welt zerfiel in Ost und West, Jerusalem war geteilt, wie auch Korea und Vietnam.

  Am 17. Juni war schulfrei, Tag der Deutschen Einheit, sagten die Lehrer, aber sonst nichts. Der Rektor drückte den Schülern Sammelbüchsen in die Hand. „Ihr wisst schon! 3 geteilt? niemals! Sonst dreht der Alte, also Adenauer, sich im Grabe um!" Die Schüler sammelten, wie es ihnen aufgetragen wurde. Gemeinschaftskunde hielt als neues Fach Einzug in den Stundenplan. Die Schüler lernten die Demokratie, die gab es in der DDR nicht.
Doch „3 geteilt? niemals!" verschwieg die Schule.

Diese Schilder waren in Westdeutschland verbreitet.

Erste Herztransplantation

Dem Südafrikaner Christiaan N. Barnard gelingt am 3. Dezember 1967 die erste Transplantation eines menschlichen Herzens. Viele sind nun überzeugt, dass sich alle Organe des Menschen mit Ausnahme des Gehirns in naher Zukunft austauschen lassen. Auch der Vatikan äußert sich zu der ersten Herzverpflanzung und erklärt, dass sie uns näher an die Vorstellung heranbringe, dass Leben nicht aus den Organen stamme, weil unsere Persönlichkeit aus einer inneren und unsichtbaren Kraft besteht: der Seele. Der chirurgische Eingriff rührt an ein Tabu, da seit Menschengedenken das Herz von Magie und Mythen umwoben ist. So ist eine Sitte bei Naturvölkern weit verbreitet, das Herz eines wilden Tieres zu essen und damit seine Stärke und Kraft zu gewinnen. Der Mensch als

Ersatzteillager, diese Vision drängt sich auf, obwohl der 55-jährige Südafrikaner Louis Washkansky 18 Tage nach der Operation an einer Lungenentzündung stirbt.

Mensch ärgere dich nicht

„Holt die Schachtel aus dem Wohnzimmerschrank", ruft deine Mutter aus der Küche. Oma ist zu Besuch und wie immer am Buß- und Bettag spielt ihr „Mensch ärgere dich nicht". Der Bruder schiebt dir die schwarzen Spielfiguren zu. Die älteste, also Oma, oder der Bruder als Jüngster, einer von ihnen fängt an. Du bist in der Mitte und nie etwas Besonderes. Dicht gedrängt stehen die Figuren im Pott. Du nimmst dir ein zweites Paar Würfel, das bringt Glück.

Deine Mutter stellt das Radio an und bringt Kakao für deinen Bruder und dich. Aus dem Wohnzimmerschrank holt sie die Flasche Dujardin, für Oma, betont sie und stellt zwei Gläser auf den Tisch. „Nehmt von den Rosinenbrötchen, mit ganz frischer Butter, von der letzten Butterfahrt", sagt Oma und langt zu. Deine Mutter setzt in aller Ruhe eine Figur nach der anderen. Aber Oma gewinnt, hat längst alle

am Laufen. Roy Black singt „Frag nur dein Herz", und Oma summt mit. Die Würfel liegen warm in deiner Hand. Der Bruder fliegt raus. Er verbrennt sich die Zunge am Kakao und zappelt herum. „Pass doch auf", sagt deine Mutter, als du Oma umwürfelst. Aber die weiß immer, wo sie steht. Dein Bruder rührt heftig im Kakao. „Nicht so wild", sagt deine Mutter zu dir, als du die Gläser ein Stück wegstellst. Sie würfelt eine Sechs und Oma fliegt. „Da!", sagt deine Mutter zu ihrer Mutter. „Da! Jetzt hast du es!" Deine Mutter würfelte noch eine Sechs. „Die macht 'nen Durchmarsch!", ruft Oma. „Kinder, wir müssen zusammenhalten, werft sie raus!" Aber Oma ist nicht dran. „Lass das nach", sagte Oma zu dir, als du die Würfel wie dein Bruder zwischen den Händen schüttelst und dabei nach den Augen tastest, bevor du sie auf den Tisch wirfst. Sie bleiben im Muster der Decke hängen. Du willst noch einmal würfeln, aber deine Mutter sagt: „Das gilt!"

Oma klopft sich auf die Schenkel und gießt Dujardin nach. Du hast die Auswahl, die Mutter schlagen oder dich auf das Startfeld von Oma setzen. „Feigling", ruft dein Bruder. „Traust dich ja doch nicht!" Würdest du schon, aber dann ist alles wie immer. Einzeln zählst du die Felder ab, stellst dich bei Oma drauf und wartest. Mit den Fingernägeln zeichnest du ein zweites Muster in die Tischdecke. Die Mutter würfelt. „Ja! Da, jetzt habt ihr es! Gewonnen!" Der Bruder ruft: „Noch mal!" – „Heute nicht mehr", sagt deine Mutter und drückt dich. „Danke!", flüstert sie und trägt die Kakaotassen in die Küche.

Yellow Submarine

In London erlebt am 17. Juli 1968 der Zeichentrickfilm „Yellow Submarine" des Düsseldorfer Grafikers Heinz Edelmann mit Musik von den Beatles seine Uraufführung. Die friedlichen Hippies von Pepperland werden bedroht von den Meanies, die preußischblau und agressiv sind. In ihrem gelben Unterseeboot eilen die Beatles den Hippies zu Hilfe, musikalisch beschwingt. Lieder wie „Sergeant Pepper's Lonely Heart Club Band", „With a little help from my friends", „Lucy in the sky with diamonds" und „All you need is love" machen den Film schnell zu einem Kassenschlager. Darstellung eines LSD-Trips oder Gesellschaftskritik? Im Film werden die Tyrannen durch die Lieder besiegt und vertrieben.

Drogerie mit Bedienung,
ein auslaufendes Modell.

Selbstbedienung

„Geht mal ins Seifenhaus", sagte unsere Mutter, „wir brauchen noch Apfelshampoo,
die große Flasche ist billiger. Und Eishampoo, für Papa, in den Portionsbeuteln mit
den Ecken zum Abschneiden. Vergesst die Rabattmarken nicht. Halt, Waschmittel
ist auch alle, OMO, so wie die Jungs ihre Fußballsachen zugerichtet haben."

Sie gab uns Geld und diese karierte Einkaufstasche. Drogeriemarkt stand über
dem Schaufenster, aber unsere Mutter sagte immer Seifenhaus. Die Nagellack-
fläschchen standen in Reih und Glied, pink und lila, feuerrot und dunkelblau. In
unserer Stadt gab es keine Frauen mit bunten Fingernägeln. Wie das Blau wohl
aussah? Wir holten das Apfelshampoo mit einem Seitenblick aus dem Regal. Den
blauen Nagellack gab es auch in Probiergröße, ein winziges Fläschchen. Beim
Vorbeigehen rutschte es uns in die karierte Tasche, zufällig. Als wir Waschmittel
und Shampoos auf die Theke stellten, kam die Verkäuferin hinter ihrem Vorhang
hervor, und da sahen wir den Spiegel. Die Verkäuferin tippte, die Kasse klingelte.
Jetzt nur nicht rot werden. Draußen roch die Luft wie frisch gewaschen. OMO
wäscht reiner, sagten wir stumm vor uns hin.

Wo sollten wir den Nagellack lassen? Erst um die nächste Ecke, vorbei an der
Kirche. Wir sahen zum Himmel und blinzelten zweimal ganz kurz wie Jeannie im
Fernsehen. Es war zufällig gewesen, genau neben dem Apfelshampoo. Gut, dass
wir nicht beichten mussten wie die Katholischen.

Wir bückten uns und banden die Schnürsenkel neu. Dabei schoben wir das
Fläschchen in den Schuh, da war Platz. Am nächsten Morgen hatten wir die erste
Stunde frei und waren allein zu Hause. Wir holten das Fläschchen und lackierten
unseren Puppen die Nägel. So sah das also aus. Schnell alles wieder abgewischt,
bevor es trocknete. Unsere Väter packten den Tiger in den Tank, wir manchmal

45

11. bis 14. Lebensjahr

blauen Nagellack in die karierte Tasche, zufällig. Alle Puppen wussten jetzt wie es war mit blauen Fingernägeln. Zu Hause steckten die Fläschchen zwischen den Puppenkleidern. Die Drogerieverkäuferin lief wie ein gehetztes Tier durch den Laden.

In den großen Ferien kam unsere Mutter eines Nachmittags früher nach Hause. Wir versteckten schnell die Hände hinter dem Rücken. „Zeigt her! Was ist das? Blauer Nagellack? Die ganze Stadt lacht darüber, dass im Seifenhaus geklaut wird, und immer nur blauer Nagellack! Sie haben jetzt sogar einen Detektiv angestellt!"

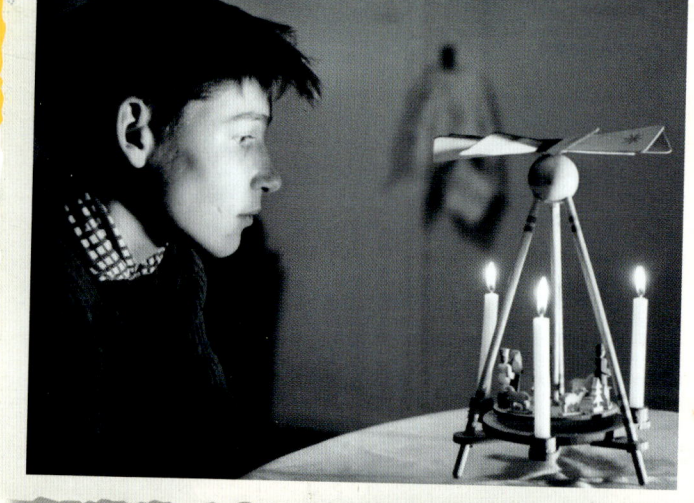

Beides angewandte Physik –
Mädchen beim Gummi-Twist
oder eine Weihnachtspyramide
mit Kerzen.

Gummi-Twist

Du stopfst das Gummi in die enge Cordhose und wartest vor der Schule. Die Freundinnen gehen in die Parallelklasse und haben Chemie-AG. Wenig später lauft ihr zu dritt die Straße entlang zum Autohaus mit den glatten Platten in der Einfahrt. Ihr knobelt, wer anfängt, du gewinnst. Du hüpfst, grätschst die Beine und springst über die Seiten, zurück in die Mitte, dabei drehst du dich. Steht hinter der Ecke nicht der Sohn des Autohändlers? Die beste Freundin streicht sich die Haare aus dem Gesicht und schiebt das Gummi in die Kniekehle. „Nicht so fest ziehen!" Die beste Freundin stampft mit dem Fuß auf. „Sonst habe ich nachher wieder Striemen." Sie lächelt in eine unbestimmte Richtung. Du hüpfst den Stern, das Maoam unter deiner Zunge schmeckt nach Brombeer.

Das Gummi wandert über Pohöhe zur Taille. Dumpf schlagen deine Schuhe auf die Platten. Du drehst dich, meinst wieder den Sohn des Autohändlers zu sehen, der älter ist und schon ein Moped hat. Das Gummi wandert weiter nach oben, du hüpfst, hörst das Kichern der besten Freundin hinter dir und siehst dich um. „Ab!"

Für viele drehte sich
alles um das Moped.

Der Sohn des Autohändlers verschwindet um die Ecke. Du ziehst am Gummi, und
die beste Freundin hält sich den Po. Der Sohn des Autohändlers kickt das Moped
an, legt den ersten Gang ein und dreht eine Runde auf dem Hof. „Wartet, wir
machen gleich weiter." Du gehst in den Hof, traust dich endlich. Er lächelt und lädt
dich zu einer Proberunde auf seiner Herkules ein, lässt dich sogar ein paar Meter
selbst fahren. Du brauchst keinen Nagellack und kein Strahler-70-Lächeln wie die
beste Freundin. Und vielleicht entkommst du in drei Jahren einer Lehre bei der
Sparkasse, wie deine Mutter sie sich vorstellt, und wirst nach der Mittleren Reife
Kraftfahrzeugmechaniker?

Eine Demonstration gegen die Fahrpreiser-
höhung im Großraum Hannover. Die Polizei
setzte Tränengas ein.

Rote Punkt Aktionen

Im Juni 1969 kommt es in Hannover
wegen einer Tariferhöhung zu Blockade-
aktionen von Bussen und Bahnen. Nach
brutalen Polizeieinsätzen solidarisieren
sich die Einwohner auf breiter Linie mit
den Demonstranten. Der öffentliche
Nahverkehr wird eingestellt. Autofahrer
kennzeichnen ihr Fahrzeug durch einen
roten Punkt und nehmen nach einem
festgelegten System die Wartenden mit.
Für einen reibungslosen Ablauf und einen
regelrechten Liniendienst sorgen Ord-
nungsdienste und Lautsprecherdurchsa-
gen. Als die hannoversche Nahverkehrs-
gesellschaft Üstra Preissenkungen
verkündet, endet der Boykott.

Von Sackkleidern zu Boots und Röhrenjeans

Sackkleider mit schräg verlaufenden Ziernähten konnten sich erstaunlich lange behaupten, auch wenn der Saum immer kürzer wurde, bis er schließlich wieder ins Bodenlose fiel. Mini, Midi, Maxi – rauf und runter probierte es die Modewelt Ende der Sechziger und Anfang der Siebziger. Hot Pants mit Schaftstiefeln und Maximantel waren der letzte Schrei. Stricknadeln klapperten auf Flughäfen und in den Hörsälen. Vom Frottee mit geometrischen Mustern oder psychedelischen Ornamenten war es nicht weit bis zum Batiktrend. Minikleider, T-Shirts und sogar Hosen wanderten zusammen mit Halstüchern und Schals in die Kochtöpfe. Lila Trägerröcke liefen neben silberfarbenen Overalls die Straßen entlang, und ob grasgrüner Nickipulli oder roter Knautschlackmantel

Gehäkelte Minikleider wie hier bei der Schauspielerin Diana Körner waren in.

war keine Frage, alles ließ sich miteinander kombinieren.

Jeans oder Cordhosen wurden unten immer enger, bis zur Röhrenform, die in der Badewanne in heißem Wasser ganz individuell in die richtige Form gebracht wurde. Dazu gehörten Boots und Bundeswehrparka mit Palästinensertuch.

Mondlandung im Reihenhaus

Mitten in der Nacht starrte die Familie auf den Fernseher in der neuen Schrankwand aus Nussbaum und knabberte Salzstangen. „Mit einer Saturn-V-Rakete, der Columbia, ist Apollo 11 vor viereinhalb Tagen von Kap Kennedy zum Mond gestartet. An Bord des Raumschiffs befinden sich die Astronauten Aldrin, Armstrong und Collins ..." Der Sprecher im NASA-Kontrollzentrum wiederholte seine Sätze, seit Stunden wurden wieder und wieder die Bilder vom Start eingeblendet und auf einer Karte zeichnete ein Wissenschaftler gewissenhaft die Flugbahn zum Mond nach und erläuterte sie. Die NASA-Bodenstation meldete, dass die Mondlandefähre Eagle im Meer der Ruhe gelandet sei, aber ihre Treibstoffvorräte durch eine außerplanmäßige Verlegung des Landeplatzes bis auf den letzten Tropfen verbraucht hätte. Die Familie aß Käsehappen mit Gurkenstückchen. Die Ausstiegsluke der Mondlandefähre sei seit ein paar Minuten geöffnet, hieß es plötzlich. Unscharfe Schwarzweiß-Bilder flimmerten über den Bildschirm. Die Familie hörte auf zu kauen,

Neil Armstrong.

als die Landefähre einen riesigen Schatten auf die Mondoberfläche warf. Graues Flimmern und ein leuchtend weißer Fleck. „Armstrong steigt jetzt die Leiter hinab zum Mond." Es wurde der englische Originaltext übertragen. „Das ist ein kleiner Schritt ...", sagte der Übersetzer. Mit dem linken Fuß zuerst berührte Armstrong den Mond, aber das hielt niemand für erwähnenswert.

Mandeloperation

Kerzengerade sitzt du auf dem Stuhl und presst den Rücken an die Lehne. Du starrst in den weißen Plastikbecher mit der dunklen Flüssigkeit, die du trinken sollst. Die Krankenschwester schaut auf die Uhr. Der Doktor hat zu deiner Mutter gesagt, eine örtliche Betäubung reichte. Ein Indianer kennt keinen Schmerz. Du hast nie wieder Halsschmerzen. So das Versprechen.

Die Schwester setzt dir den Becher an die Lippen. Du hustest und würgst, das ist so bitter im Hals. Sie drückt dich auf den Stuhl und klatscht dir ein weißes Tuch über die Augen. „Mund auf! Ganz weit!" Sie schiebt dir ein Chromgestell zwischen die Zähne. „Damit du den Onkel Doktor nicht beißt." Durch einen Spalt siehst du, wie sie die Instrumente richtet. Jemand reißt die Tür auf. „Wen haben wir denn da?!" Als ob der Doktor das nicht genau wüsste. Er schüttelt deine Hand, dabei verrutscht das Tuch, aber niemand kümmert sich darum. Die Krankenschwester schaut wieder auf die Uhr und nickt. „Tut das weh?", fragt der Doktor und fährt mit einer Zange in deinen Mund hinein. Es zwickt. Du willst schreien, bringst nur einen Gurgellaut heraus, der Doktor kratzt und piekst in deinem Hals herum.

Böse knurrst du, ein brennender Schmerz durchzuckt deine linke Halshälfte. Du bäumst dich auf, die Schwester drückt deine Schultern wieder nach hinten. „Stell dich nicht so an", schreit sie. „Halt still!" Du würgst. Der Doktor holt blutige Klumpen aus deinem Mund. Du spürst nichts mehr, sitzt starr und steif auf dem Stuhl.

Erste Liebe
und erste Ölkrise

1971-1975

Jesus Christ Superstar

Nicht dass wir plötzlich an Gott glaubten. Konfirmieren lassen wollten wir uns auf keinen Fall. Das durften wir selbst entscheiden. Dieses Jahr zu Ostern spielten sie die Songs von „Jesus Christ Superstar" bei Radio Luxemburg, und wir gingen nicht eine Minute vom Radio weg. Wir sparten schon lange und legten vom Taschengeld jede Woche etwas beiseite. Dann kam der große Tag und „Jesus Christ Superstar" auch für uns.

Wie einen Schatz trugen wir die Doppel-LP nach Hause und zappelten herum, bis die Eltern abends endlich das Wohnzimmer räumten und ins Bett gingen. Vorsichtig sollten wir sein mit dem Plattenspieler, wir nickten, nein, wir würden die Lautstärke nicht zu sehr aufdrehen. Zwischen den Lautsprecherboxen lagen wir

Chronik

1. September 1971
Das Bundesausbildungsförderungsgesetz (BAföG) tritt in Kraft. Finanziell gefördert werden der Besuch von Realschulen und Gymnasien sowie Fach- und Hochschulen.

10. Dezember 1971
Für die „außerordentlichen Ergebnisse bei der Schaffung von Voraussetzungen für den Frieden in Europa" erhält Willy Brandt in Oslo den Friedensnobelpreis.

5. September 1972
Bei den Olympischen Spielen in München, die am 26. August unter dem Motto „Heitere Spiele" eröffnet worden sind, wird ein Attentat auf die israelische Olympiamannschaft verübt.

19. November 1972
Bei einer Wahlbeteiligung von 91,1% bei den Bundestagswahlen kann die SPD ihren Stimmenanteil auf 45,8% steigern und stellt erstmals die stärkste Fraktion im Bundestag.

11. September 1973
Militärputsch in Chile, Salvador Allende verübt bei der Erstürmung des Palastes Selbstmord. General Augusto Pinochet verhängt den Ausnahmezustand.

6. Mai 1974
Willy Brandt übernimmt die politische Verantwortung für die Agentenaffäre Guillaume und erklärt seinen Rücktritt als Bundeskanzler. Sein Nachfolger wird Helmut Schmidt.

7. Juli 1974
Die Fußballmannschaft der Bundesrepublik Deutschland holt sich bei der Weltmeisterschaft in München zum zweiten Mal den Titel.

8. August 1974
Die sogenannte Watergate-Affäre endet mit dem Rücktritt des amerikanischen Präsidenten Richard M. Nixon, der damit einem Amtsenthebungsverfahren zuvorkommt.

17. Juli 1975
Die Raumkapseln „Apollo 18" und „Sojus 19" werden 225 km über der Erde aneinandergekoppelt. Der amerikanische und russische Pilot reichen sich die Hände.

1. August 1975
In Helsinki unterzeichnen die Vertreter von 35 Staaten die Schlussakte der Konferenz über Sicherheit und Zusammenarbeit in Europa (KSZE).

Das Musical „Jesus Christ Superstar".

auf dem Teppich, vor uns das Textheft. Leise sangen wir mit. Maria Magdalena, unser Herz schmolz, das war wirkliche Liebe, unerfüllt noch viel schöner. Und die Szene im Tempel, wir hörten das Peitschenknallen von Jesus, wie er die Händler vertrieb und dazu zornig sang. Wie Herodes versuchte, Jesus zu provozieren, doch ein Wunder zu vollbringen und zu beweisen, dass er Gottes Sohn sei, wie er ihn schließlich anschrie, er solle aus seinem Haus verschwinden, aus seinem Leben. „Get out of my house – get out of my life!" Die Stimme von Judas, so falsch wie sein Verrat.

Er habe nichts zu verteidigen, sang Jesus im Angesicht seines Widersachers Pontius Pilatus, der schließlich sein eigenes Handeln in Zweifel zog. Wenn Jesus so gewesen war, vielleicht konnten wir dann doch an Gott glauben und uns konfirmieren lassen?

15. bis 18. Lebensjahr

Erste Liebe

Im Freibad lag sie wie immer im Schatten unter den alten Eichen. Vorhin hatte er ihr von der anderen Seite der Hecke zugesehen, wie sie das lilafarbene Batikkleid über den Kopf zog. Darunter trug sie schon den gelben Badeanzug. Sie legte sich auf den Bauch und schloss die Augen. Plötzlich berührte sein Blick ihre Schultern, wanderte über den Nacken zum Ohr und kitzelte sie. Sie drehte sich um, öffnete die Augen und schaute in sein Lachen. „Geh'n wir schwimmen?", fragte er.

Er stand direkt vor ihrer Liegedecke und neigte den Kopf zur Seite. Sie gingen nebeneinander zum Becken, und schnell sprang sie ins Wasser, damit er sie nicht weiter so ansah. Er blieb an der Bank stehen. In der Hand hielt er eine brennende Zigarette, die Schachtel steckte an der Seite in seiner Badehose.

Auf dem Rücken kraulte sie durch das Becken und sah in den blauen Himmel. Warum kam er nicht ins Wasser? Als sie aus dem Becken kletterte, reichte er ihr das Handtuch, das er wohl von ihrer Decke geholt hatte.

Später ging er neben ihr, und sie schob ihr Rad, froh über einen Platz für ihre Hände. Nur gut, dass sie heute nicht in Hot Pants war. Er trug Schnurrbart und Brille, Jeans und Turnschuhe und sagte: „Morgen habe ich das Auto von meinem Vater, hast du Lust auf eine Spazierfahrt?" Sie nickte und verschwieg, dass sie erst fünfzehn wurde.

Zu Hause legte sie von Miguel Ríos „A song of joy" auf, den Goldenen Löwen hatte er dafür bekommen. Wieder und wieder hörte sie das Lied und lag dabei im Freibad unter den alten Eichen.

Endlich Sommer.

Entspannungspolitik in Deutschland

Ende 1970 werden die deutsch-polnischen Verträge unterzeichnet. Im Mai 1972 werden die Ostverträge vom Bundestag gebilligt. Beide Länder versichern, dass sie die Oder-Neiße-Linie als Westgrenze Polens anerkennen und verpflichten sich zur Gewaltfreiheit. Die Verhandlungen über den Grundlagenvertrag zwischen der BRD und der DDR vollziehen sich anschließend in ungewöhnlich schnellem Tempo, sodass der Text zehn Tage vor der Bundestagswahl am 19. November 1972 veröffentlicht werden kann. Am 21. Dezember 1972 unterzeichnen die Vertreter der Bonner Regierung und der DDR den Grundlagenvertrag, der im Mai 1973 vom Bundestag ratifiziert wird. Die schwierigen Verhandlungen führte Egon Bahr, damals Staatssekretär im Bundeskanzleramt, und Michael Kohl, Staatssekretär der DDR. Am 18. September 1973 werden BRD und DDR in die UNO aufgenommen.

Das weiße Kleid

Deine Mutter näht dir ein weißes Kleid zur Konfirmation. Mit langen Ärmeln und einem Bündchen. Den Rock glockig geschnitten. Bei der Anprobe gibt es jedes Mal einen Disput über die Saumlänge. „Der Po muss bedeckt sein! Wie sieht denn das aus, wenn du in der Kirche nach vorne gehst!"

Deiner Mutter zuliebe bist du doch zum Konfirmandenunterricht gegangen. Ein Jahr lang, einmal in der Woche nachmittags. Meistens grüßt du vor der Tür vom Gemeindehaus nur freundlich den Pfarrer und verdrückst dich in die Eisdiele, wo die Freundinnen nach und nach eintrudeln. Die Jungen gehen Moped fahren. Sonntags macht ihr es vor dem Gottesdienst genauso. Der Pfarrer sagt nie etwas.

Irgendwann ist das Jahr rum und dein Kleid ist nicht das kürzeste. Zwei Handbreit über dem Knie beginnt schon der Saum. In der Kirche murmelst du die ganze Zeit deinen Konfirmandenspruch vor dich her: „Lasst uns aber Gutes tun, denn zu seiner Zeit werden wir auch ernten, wenn wir nicht nachlassen" (Galater, 6,9). Als du an deinen Platz zurückkehrst, erinnerst du dich an nichts. Das weiße Kleid ziehst du nie wieder an, die Maximode kommt, aber lieber trägst du Hosen.

Die Schuhe

„Du kommst heute mit spazieren!" Deine Mutter hält dir die alten Lederschuhe mit den Kreppsohlen hin.

„Die Sohlen quietschen. Ich lese, das siehst du doch." Du blätterst um. „Momo" von Michael Ende, ganz neu erschienen.

„Dann die Schuhe mit den Plateausohlen. Du kommst jetzt mit. Auf jeden Fall! Und hör endlich auf zu lesen!"

„Die Plateauschuhe sind seit einem Jahr zu klein und aufhören, das kann und will ich nicht."

„Hier sind die Schnürstiefel, jetzt mach endlich, Papa ist auch gleich fertig."

„Die Stiefel sind viel zu warm und Papa ist gerade aufs Klo."

„Also dann die Pumps! Hier. Und gib nicht immer Widerworte!" Deine Mutter schlägt die Absätze aneinander. „Nun, beweg dich!"

„Dafür wären die Turnschuhe besser." Du blätterst wieder um. Die Klospülung rauscht.

„Wie sehen denn deine Turnschuhe wieder aus! Die kannst du nicht anziehen. Heute ist Sonntag!" Deine Mutter hält dir die Schuhe unter die Nase, aber du weißt wie sie aussehen und liest weiter.

„Hier die Lackschuhe. Zusammen mit dem neuen, mit diesem schön gemusterten Kleid, das mit dem großen Kragen. Dazu den langen Sommermantel."

„Alles unmodern, hab ich dir im Schlussverkauf gleich gesagt." Du ziehst die Beine an, kuschelst dich in den neuen selbst gekauften Nicki-pulli und streichst über die Jeans. Diese Schuhe mit geflochtenen Keilsohlen kaufst du dir nächste Woche. „Dann eben die Gummistie-fel! Es hat sich bewölkt, das hast du nun davon! Jetzt musst du den Knautschlackmantel anziehen."

„Wir bleiben heute hier, es regnet und gleich kommt auch Fußball!", ruft dein Vater und lässt sich in seinen Fernsehsessel fallen.

Schuhe mit Plateausohlen,
Marianne Rosenberg.

Raumschiff Enterprise ist zum Kult geworden.

Raumschiff Enterprise

„Der Weltraum – unendliche Weiten ... Wir schreiben das Jahr 2200. Dies sind die Abenteuer des Raumschiffs Enterprise ..." So der Sprecher zu Beginn einer jeden Folge. Am 6. Oktober 1973 wird die Folge „Spitze des Eisbergs" im Zweiten Deutschen Fernsehen ausgestrahlt. Während in Israel der Jom-Kippur-Krieg beginnt, kämpfen Captain Kirk und seine multinational gemischte Crew mit übernatürlichen Kräften. Mr Spock analysiert angesengte Bandaufzeichnungen. „Ich versuche zu kompensieren. Ein magnetischer Raumsturm." Captain Kirk befiehlt, die bekannte Galaxie zu verlassen. „Faszinierend", wie Mr Spock zu sagen pflegt. „Dichte negativ, Strahlung negativ, Energie negativ." Ein Kraftfeld unbekannter Art, nicht nur für die Sechzehnjährigen vor dem Bildschirm.

Die Friedensmission der sogenannten Sternenflotte wird stets betont, es gehe um die Entdeckung unbekannter Lebensformen. Der Warp-Antrieb des Raumschiffes ermöglicht interstellare Reisen, und durch das sogenannte Beamen können Crew-Mitglieder an ferne Orte versetzt werden, indem sie in ihre Moleküle zerlegt und am Ziel wieder zusammengesetzt werden. Doch nicht nur in der aktuell ausgestrahlten Folge kommt es zu Konflikten, die mit Waffengewalt gelöst werden. Da macht es keinen Unterschied, ob ein Phasergewehr auf Betäubung oder Tod eingestellt werden kann. Die Deutschen essen dazu Hawaii-Toast mit Scheibletten und beamen sich zur Tagesschau, wo der reale Krieg läuft.

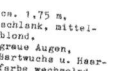

*Mitglieder der
Baader-Meinhof-
Gruppe.*

Terrorismus weitet sich aus

In der Bundesrepublik Deutschland setzen nach dem „Schwarzen September" (Attentat in München bei den Olympischen Spielen) die Mitglieder der „Baader-Meinhof-Gruppe", der Rote Armee Fraktion (RAF) und der „Bewegung 2. Juni" ihre kriminellen Aktionen und Bombenattentate sowie Entführungen von Personen des öffentlichen Lebens fort. Nach einem Hungerstreik stirbt Holger Meins am 9. November 1974, am nächsten Tag wird als Vergeltung der Richter Günter von Drenkmann ermordet. Am 27. Februar 1975 entführen Terroristen den Westberliner CDU-Landesvorsitzenden Peter Lorenz, der aber am 2. Juni 1975 wieder freikommt, nachdem fünf Häftlinge freigelassen wurden. Bei einer Geiselnahme Ende April 1975 in der Deutschen Botschaft in Stockholm, mit der 26 Mitglieder der Baader-Meinhof-Gruppe freigepresst werden sollen, werden zwei Geiseln von den Terroristen getötet. Nachdem die Terroristen Sprengladungen im Botschaftsgebäude gezündet haben, gelingt es der Polizei, die verbliebenen Geiseln, die zum Teil verletzt sind, zu befreien.

Spaziergang auf der Autobahn

Ein unscheinbarer Sonntag im November. Der Himmel hing tief über den Häusern und den nahen Feldern. Seltsam unberührt war die Luft, als wir aus dem Haus traten. Kein Rauschen von der Autobahn dämpfte unsere Schritte. Wir gingen zur Brücke. Radfahrer und winkende Spaziergänger. Der erste autofreie Sonntag, vier sollten es insgesamt werden, um die Ölreserven zu schonen, sagte Kanzler Schmidt, da die OPEC während des Jom-Kippur-Krieges zwischen Israel und den arabischen Staaten die Ölförderung drosselte und das „Öl als Waffe" einsetzte.

Wir kletterten die Böschung hinunter und spielten „Überholen". Fast war es wie früher, als die Straße uns gehörte. Rollschuhfahrer drehten Kreise und wiegten sich

Schlagzeile 1973.

in Schlangenlinien. Abends sahen wir die Fernsehbilder von den leeren Autobahnen. Ein Sprecher wies darauf hin, dass Krankenwagen und Polizei vom Fahrverbot nicht betroffen wären. Es sei lebensgefährlich, auf der Autobahn herumzuspazieren. Lebensgefährlich erschien uns nur der Krieg in Israel, der zum Glück schon wieder vorbei war. Unsere Autobahn endete in einer Baustelle, deshalb konnten wir ruhig darauf herumspazieren, das sparte allemal Benzin. Es gab ohnehin zu viele Autos.

Der Gummibaum

Regelmäßig samstags. Markttag. Wir standen vor dem Lastwagen. Auf der Ladefläche zauste der Wind ein Blättermeer. Zwei Monate Griechenland, mit dem Schlafsack unter echten Gummibäumen, das wünschten wir uns nach dem Abitur, aber noch anderthalb Jahre bis dahin. Wenn nur der Numerus clausus nicht wäre. Wir konnten nicht studieren, was wir wollten, aber was wollten wir denn?

Ein Markttag in Frankfurt.

„Meine Herrschaften, eine einmalige Gelegenheit, greifen Sie zu! Ficus benjamini. Besonders pflegeleicht." Der Verkäufer hob ein schmächtiges Bäumchen hoch, das sich im Wind schüttelte. „Heute drei zum Preis für eins", sagte er und schnappte sich noch einen Ficus und noch einen. „Können Sie zusammen in einen Topf pflanzen." Das sah gut aus, nicht mehr so zerfranst. Aber wir wollten erst noch Käse kaufen. „Die Erde können Sie einfach abwaschen und die Wurzeln dann in Hydro einbetten, das ist praktisch, wenn Sie im Urlaub sind", rief der billige Jakob und schüttelte die Bäumchen. „Ficus benjamini, drei Stück, zehn Mark. Greifen Sie zu! Acht Mark! Letztes Angebot, drei für fünf! Na, ihr Hübschen, worauf wartet ihr noch, ach, nehmt sie mit, nein, ich will nichts, gehen Sie, meine Damen! Halt, Sie da, ja Sie, Sie kriegen noch was drauf. Junge Frau, das ist für alle Lebenslagen, Blattglanzspray, aufsprühen und gut einpolieren! Regelmäßig." Vielleicht half das beim Abitur?

Anti-Atomkraftproteste.

Umweltschutz

In der Bundesrepublik Deutschland protestieren immer mehr Bürger gegen den Betrieb und den Bau von Kernkraftwerken. Am 15. April 1975 wird das Kernkraftwerk Biblis A als weltgrößter Atommeiler eingeweiht und zugleich für den zweiten Block das Richtfest gefeiert. Gegen eine dritte und vierte Ausbaustufe stimmen im Juni 1975 die benachbarten Gemeinderäte. In ihrem Umweltschutzprogramm veröffentlicht die Bundesregierung grundsätzliche Leitlinien, die ökologische und ökonomische Aspekte gleichrangig nebeneinander stellen. Angestrebt wird die Durchsetzung des Verursacherprinzips und die Realisierung umweltfreundlicher Techniken in den nächsten 10 bis 15 Jahren. Umweltschützer weisen weltweit mit Aktionen, so zum Beispiel gegen das Waldsterben, auf die Zerstörung der Natur hin. Die Mineralölgesellschaften springen auf diesen Zug auf und werben mit Umweltargumenten, so „Aral" mit dem Slogan „Sauber fährt am längsten" für einen neuen Zusatzstoff im Benzin.

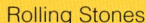
Rolling Stones.

Eigene Wohnung

Mit dem Zeigefinger malst du Männchen ans beschlagene Fenster. Der Hund leckt sich die Schnauze und gähnt. Er hat Pansen gefressen und stinkt. Die Ofenklappe quietscht, du stocherst ein wenig in der Glut, legst Briketts nach. Wie weich der helle Ruß ist zwischen den Fingerkuppen. Du memorierst: Nobelpreis für Solschenizyn im Jahr 1970, vier Jahre später aus der Sowjetunion ausgebürgert.

Wenn du nur mit der Lektüre für diese letzte Klausur vor dem Abitur schon durch wärst. Zwei Tage vor Weihnachten. Von nebenan dringen dir Keith Richards' leidenschaftliche Gitarrenriffs zu „Dance Little Sister" in die Seele. Aus dem Zimmer schräg gegenüber klopft sich der Regen aus „Love Reign o'er Me" in deinen Kopf. Du gibst das Memorieren auf. Keine Chance gegen die Who und die Rolling Stones. Die beiden anderen studieren schon und gehen später ins Kino. Einer flog über das Kuckucksnest.

Du hast kein Geld. Das BAföG reicht nur für das Notwendigste, aber es hat dich nach der Realschule vor der Banklehre bewahrt. Lernen müsstest du, aber du kriechst ins Bett. Der Hund legt den Kopf schief und springt auf die Decke. Die Katze maunzt und plumpst mit einem satten Geräusch auf den Teppich. Fenster zu, Vorhang auch. Was geht dich der Wind an. Drei Uhr nachmittags.

„Was ist denn hier los?" Jemand schiebt die Tür zu deinem Zimmer auf. Es rattert. Neben dir auf dem Kopfkissen gähnt der Hund und stinkt. An den Füßen kitzelt dich das Fell der Katze. Im Zimmer steht der Bauer, ein Onkel über drei Ecken, der euch günstig seinen Kotten überlassen hat. Du reibst dir die Augen. Draußen ist es taghell. Der Wecker zeigt acht Uhr morgens. „Ist dir eigentlich klar, dass der Wind heute Nacht das halbe Haus abgedeckt hat? Ihr seid mir eine WG! Wo sind die anderen?" Hund und Katze springen aus dem Bett. „Du musst mir helfen, ich hab Ziegel besorgt."

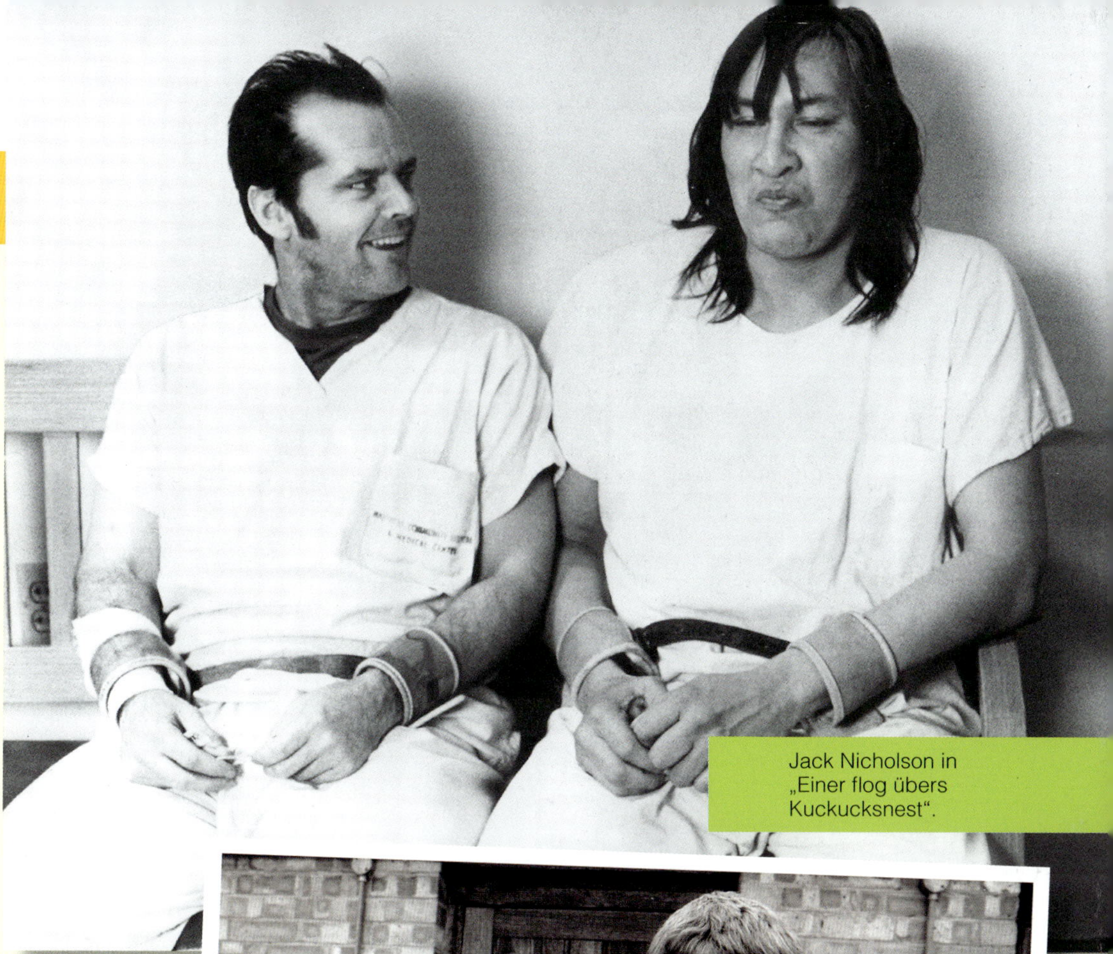

Jack Nicholson in „Einer flog übers Kuckucksnest“.

The Who Ende der 70er-Jahre.

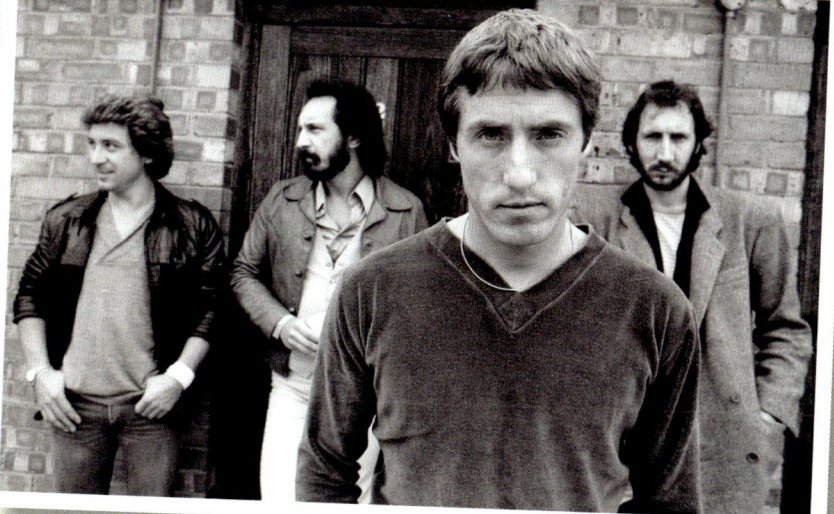

Als du die Leiter zum Dachboden hochkletterst, flutet dir Licht durch die Ziegellücken entgegen. Spinnenweben schaukeln in der Sonne. Deine Hände werden rissig vom Ziegelschleppen und Anreichen. Aber jedenfalls ist jetzt etwas zu tun. Die Lektüreaufgabe zu Solschenizyn in der Klausur streichst du, eine Abhandlung liegt dir mehr.

26. März	Oliver Hirschbiegel		27. Juli	Hansi Müller
	deutscher Regisseur			deutscher Fußballspieler
29. März	Christopher Lambert		29. Juli	Ulrich Tukur
	US-amerikanischer			deutscher Schauspieler
	Schauspieler			und Musiker
3. April	Johanna Walser		18. Aug.	Harald Schmidt
	deutsche Schriftstellerin und			deutscher Schauspieler,
	Übersetzerin			Kabarettist und Moderator
4. April	Aki Kaurismäki		20. Sept.	Sabine Christiansen
	finnischer Regisseur			deutsche Fernsehmoderatorin
8. April	Andrea Ypsilanti		27. Sept.	Johann Lafer
	deutsche Politikerin			österreichischer Koch, Unter-
16. Mai	Joan Benoit			nehmer und Sachbuchautor
	Marathonläuferin aus den USA		17. Okt.	Uwe Kolbe
17. Mai	Peter Høeg			deutscher Lyriker
	dänischer Schriftsteller			und Prosaautor
18. Mai	Frank Plasberg		21. Okt.	Steve Lukather
	deutscher Journalist und			US-amerikanischer Gitarrist,
	Fernsehmoderator			Sänger der Band Toto
24. Mai	Walter Moers		13. Nov.	Stephen Baxter
	deutscher Zeichner und Texter			britischer Science-Fiction-Autor
28. Mai	Frank Schätzing		12. Dez.	Susanna Tamaro
	deutscher Schriftsteller			italienische Schriftstellerin
12. Juli	Götz Alsmann			und Filmregisseurin
	deutscher Musiker, Entertainer			
	und Musikprofessor			

... ein guter Jahrgang – 1957!

Von uns Mädchen wären wohl manche lieber Jungen gewesen, etwas schien uns am hergebrachten Rollenverständnis nicht zu stimmen. So interessierten sich einige von uns schon früh für Mopeds und Bohrmaschinen und haben später das Motorradfahren oder das Heimwerken zu ihrem Hobby gemacht. Ohne rebellisch zu werden, fanden wir stets genügend Lücken im gesellschaftlichen System, die wir für uns besetzen konnten. Wir waren zu jung für die 68er-Zeit und auch zu jung für die Frauenbewegung, aber alt genug, um uns unsere Rechte zu nehmen. Ein Jahrgang, der nicht lange fragt, sondern handelt. Manchmal sind wir anderen ein

Wir hatten keine Angst vor der Zukunft.

wenig zu schnell, haben wir doch den technischen Fortschritt hautnah mitbekommen. Noch zur Zeit der Kohleöfen sahen wir die ersten Fernsehbilder. Später holten wir Koteletts und Eis aus der Gefriertruhe und lebten im Zeichen des Autos, auch wenn unsere Eltern sich vielleicht noch keines leisten konnten. Geprägt von den Anekdoten unserer Lehrer über Vertreibung und Krieg, hatten wir trotz der Ereignisse Ende der 60er-Jahre zunächst nur ein theoretisches Verhältnis zu Geschichte und Politik. Kriege waren schrecklich, aber sie passierten nur noch im Fernsehen.

Erst die Bürger- und Umweltschutzbewegung konnte uns Mitte der 70er-Jahre für sich gewinnen. Mit der Ölkrise 1973 waren wir plötzlich am Ende der Wohlstandsgesellschaft angekommen, die die Eltern doch nur für uns erarbeitet hatten. Die als Alternative zum Öl angepriesene Kernkraft war jedoch vielen nicht geheuer und so demonstrierten wir in der Wilstermarsch gegen Brokdorf und später in Gorleben.

Bereits 1970 war das aktive Wahlalter auf 18 Jahre herabgesetzt worden, 1975 das passive. So nutzten wir im folgenden Jahr unsere Chance, endlich mitbestimmen zu können und nahmen auch regen Anteil am übernächsten Wahlkampf mit Franz Josef Strauß als Kanzlerkandidaten. Wir verfolgten aufmerksam den ersten Einzug der Grünen in ein Landesparlament, wählten später aber selbst den individuellen Weg des Protests und nahmen an der Demonstration im Bonner Hofgarten teil.

Wir pilgerten nicht zum polnischen Papst, sondern zum unmöglichen Möbelhaus aus Schweden und nutzten für unsere Urlaubsfahrten nach Süden das Tramperticket. Wegen der Arbeitslosigkeit schon in den 70er- und 80er-Jahren mussten viele von uns zum Teil mehrfach ihre Berufswahl revidieren. Doch als „ein guter Jahrgang" fanden wir stets neue Wege – für uns und andere.

15. bis 18. Lebensjahr

Für alle ab 18

**Unsere Jahrgangsbände gibt es
für alle Jahrgänge ab 1921 bis zum aktuellen
18. Geburtstag, auch als DDR-Ausgabe.**